Otto Kaemmel

Kritische Studien zu Fürst Bismarcks Gedanken und Erinnerungen

Otto Kaemmel

Kritische Studien zu Fürst Bismarcks Gedanken und Erinnerungen

ISBN/EAN: 9783744628686

Hergestellt in Europa, USA, Kanada, Australien, Japan

Cover: Foto ©Thomas Meinert / pixelio.de

Weitere Bücher finden Sie auf **www.hansebooks.com**

Kritische Studien

zu

Fürst Bismarcks Gedanken und Erinnerungen

Von

Otto Kaemmel

Leipzig
Fr. Wilh. Grunow
1899

Charakteristik des Werkes

Noch niemals hat ein großer Staatsmann schon bei Lebzeiten, ab=
sichtlich und unabsichtlich, so dafür gesorgt, daß sein Wirken in
das helle Licht der Geschichte gerückt und die Legende, die sich um
jede hervorragende Persönlichkeit alsbald zu bilden pflegt, zerstört
werde, wie Fürst Bismarck. Zu dem, was er durch andre, namentlich
Sybel und Poschinger, über die von ihm größtenteils gemachte Ge=
schichte der letzten Jahrzehnte sammeln und darstellen ließ, was er
wenigstens vor der Veröffentlichung kontrollierte, oder was er endlich
in Reden und Gesprächen an historischem Stoffe vorbrachte und un=
bekümmert von seinen Zuhörern weitererzählen ließ, sind wenige Monate
nach seinem Tode seine eignen Denkwürdigkeiten getreten, mit einer
Spannung erwartet und mit einem leidenschaftlichen Interesse ergriffen,
wie kaum ein ähnliches Buch. Mit Recht, denn es ist ein unver=
gänglicher Besitz, ein κτῆμα ἐς ἀεί für unser Volk. Doch die historische
Kritik wird noch lange Zeit brauchen, um die Fülle von Bausteinen,
die das Buch bietet, auf ihre Tragfähigkeit zu prüfen und sie in
dem mächtigen Bau der Zeitgeschichte an der richtigen Stelle und
der richtigen Weise einzufügen. Dazu aber gehört vor allem, wie bei
jedem historischen, namentlich selbstbiographischen Werke, die Kenntnis
seiner Entstehung. Was darüber das Vorwort des Herausgebers
bietet, ist unvollständig und unbedeutend; auch Dr. Schweninger scheint
vom Gange der eigentlichen Arbeit wenig Genaueres gewußt zu
haben (vgl. seine bei Hirzel erschienene Schrift: Dem Andenken Bis=
marcks 3 ff.). Einen viel tiefern Einblick gewährt das, was der ver=
traute Gehilfe des Fürsten Lothar Bucher darüber brieflich und
mündlich seinem Freunde Moritz Busch mitgeteilt und dieser selbst von

Bismarck erfahren hat, wenngleich nicht zu verkennen ist, daß diese Berichte mannigfach von den Stimmungen des Berichterstatters gefärbt sind und einzelne Zweifel erwecken.

Den Vorsatz, Memoiren zu schreiben, hat der Fürst keineswegs erst nach seiner Entlassung gefaßt, sondern viel früher, wenn auch immer nur für den Zeitpunkt seines Rücktritts. Schon 1877, als er aus dem Amte scheiden wollte, sagte er zu Bucher, wenn dieser auch nicht bleiben wolle, so solle er zu ihm nach Varzin ziehen, er habe ihm da einiges Wichtige aus der Vergangenheit zu diktieren, was er sich aufgeschrieben habe. Eine Anspielung Buschs auf diese Absicht ließ er damals unbeachtet (Tagebuchblätter II, 487. III, 94). Aber die dazu nötige Ordnung der Privatpapiere äußerte der Kanzler, der auch mit Schweninger, als dieser die ärztliche Behandlung im Juni 1883 übernommen hatte, gelegentlich „über eine litterarische Thätigkeit, die er ergreifen könnte, falls er einmal aus dem Dienste ausscheiden würde," sprach (S. 3), schon im November 1883 Busch übertragen zu wollen (III, 165, vgl. 208); doch erwartete Busch später, als Bucher im Mai 1886 zur Disposition gestellt worden war, daß dieser selbst, da er sich in wichtigen Punkten besser dazu eigne, die Aufgabe über= nehmen werde (III, 208. 209). Schließlich wurde trotzdem Busch damit betraut, und er arbeitete eifrig im Oktober und November 1888 in Friedrichsruh daran (III, 253 ff. 259 ff.). In den Tagen, die der Entlassung des Reichskanzlers unmittelbar vorangingen und folgten, gewann der alte Vorsatz auch auf Schweningers eifriges Betreiben (S. 7 f.) festere Gestalt. Als Busch ihn auf seine Veranlassung am 15. März 1890 aufsuchte, war der Fürst mit dem Zusammenpacken von Papieren beschäftigt, wies auf die schon früher geordneten Mappen hin, sagte ihm, diese und andre neue solle er ihm durchsehen, und setzte als Begründung hinzu: „Denn ich will jetzt meine Memoiren schreiben, und dabei sollen Sie mir helfen." — „Wenn ich in Friedrichs= ruh bin, so kommen Sie hin, und dann arbeiten wir zusammen." Busch solle die wichtigsten Papiere abschreiben und die Abschriften bis auf weiteres behalten (III, 275 ff.). Als Busch ihm am 22. März die ihm mitgegebenen Schriftstücke geordnet überbrachte, legte sie der Fürst zurück mit der Bemerkung, er solle nicht vergessen, wo das Couvert liege, „wenn wir in Friedrichsruh die Memoiren machen"

(III, 280). Einige Briefe Kaiser Wilhelms I. übergab er ihm gleich damals zur Veröffentlichung in den Grenzboten. Als der Fürst nach Friedrichsruh übergesiedelt war, fand er in Dr. Rudolf Chrysander einen Privatsekretär, der ihm, wie man annahm, bei der Abfassung seiner Denkwürdigkeiten an die Hand gehn werde (III, 296). Doch wurde dann im April Bucher für den Mai nach Friedrichsruh berufen, und er erwartete, mit Busch „zusammen angespannt" zu werden (Brief an Busch, III, 297), der sich selbst auch dem Fürsten wiederholt zur Verfügung stellte (11. und 19. April) und von diesem eine zustimmende Antwort erhielt (III, 296. 298). Allein ein Gehirnschlag, der Busch am 20. Mai 1890 traf, machte diesen für längere Zeit arbeitsunfähig (300 f.), und Bucher blieb allein. Er hatte zunächst die schon früher von Busch durchgesehenen Papiere zu registrieren, dann fünf= bis sechstausend Briefe, unter denen wenig Politisches war, chronologisch zu ordnen; aber am 15. Mai schrieb er an Busch: „von einer Verarbeitung des Materials ist jetzt keine Rede," und noch im Juli: „Wann es dazu [zum Verarbeiten] kommen wird, ist noch nicht abzusehen. Mit der komischen, sich selbst ironisierenden Verzweiflung, die Sie an ihm kennen, beklagt er sich, daß er jetzt gar keine Zeit habe, zu nichts kommen könne. Vorläufig scheint er sich selbst damit zu rechtfertigen, daß doch erst der ganze Stoff chronologisch geordnet sein müsse — er wird nicht eher an die Arbeit gehn, bis Sie [Busch] wieder hergestellt sein werden. An eine Heranziehung Poschingers ist kein Gedanke" (III, 300. 301 f.). Und doch war schon am 6. Juli ein Verlagsabkommen mit dem Hause Cotta (Kröner) getroffen worden. Nicht besser stand es noch Anfang Oktober, als Bucher aus Varzin (am 3. Oktober) an Busch schrieb: „Es wird nichts produziert" (303). Erst am 14. desselben Monats konnte er dem Freunde melden: „Er hat seit einigen Tagen angefangen zu diktieren, aber noch ohne rechten Zusammenhang, abwechselnd aus verschiednen Jahren. Es ist also vorläufig nur Rohmaterial" (304). Auf Schweningers Betreiben, der schon aus Gesundheitsrücksichten eine regelmäßige Beschäftigung dringend empfahl (305. 307. 308. 324, vgl. Schweninger 7 ff.), diktierte der Fürst, wie Bucher am 22. De= zember Busch selbst erzählte, nun täglich aus seinen Erinnerungen, und Bucher schrieb stenographisch nach. „Aber es sind nur Bruchstücke

ohne Zusammenhang und mit häufigen Irrtümern in den Daten. So
über 1848, was ganz interessant war, aber erst mit Wolfs Chronik
verglichen und berichtigt werden mußte. — — Zwar hat er mich
schon einen ganzen Haufen stenographieren lassen, und es ist natürlich
manches Neue und Wichtige darunter, aber oft ist ein Bericht nicht
zuverlässig, und vorzüglich glaubt er manchmal was gesagt oder gethan
zu haben, was er hätte sagen oder thun sollen, was er aber unter=
lassen hat oder wenigstens so, wie er behauptet, nicht gesagt oder
gethan haben kann. Und vom Wichtigsten hört er zuweilen ganz auf,
wie ein versiegendes Wasser, und kommt nicht wieder darauf zurück.
So fing er neulich an, von seinem Verhältnis zu Napoleon vor 1870
zu sprechen, ließ es aber dann fallen, und ich brachte ihn seitdem nicht
wieder zu zusammenhängender Erzählung davon.“ Dazu komme der
Übelstand, daß er auch auf die Gegenwart warnend und belehrend
wirken wolle und danach oft seinen Gegenstand auswähle, um Be=
trachtungen derart daran zu knüpfen. So habe er einen Rückblick auf
den Vertrag von Reichenbach 1792 nur eingefügt, weil er fürchte, der
Kaiser werde nicht besonnen genug zwischen Wien und Petersburg
lavieren, und weil damals die Verhältnisse ganz ähnlich gelegen hätten;
man habe damals auch nicht recht gewußt, was man wollte, und es
auf a mere show of power abgesehen (jetzt Gedanken und Erinnerungen
I, 271 f.), was doch keineswegs der historischen Wahrheit entspreche.
Bucher war mit seiner eignen Aufgabe sehr unzufrieden, hatte aber
auch keine Lust, die Sache zu kritisieren und zu redigieren, weil das
zu viel Mühe und Verantwortlichkeit mache, und weil es [in Varzin
und Friedrichsruh] an Büchern zum Nachschlagen und Vergleichen
fehle (305 ff.).

Als Busch, einer Aufforderung des Fürsten folgend, am 18. März
1891 in Friedrichsruh eintraf, zeigte ihm Bucher einen „ganzen Haufen
von Diktaten, aus dem Stenographischen übertragen, wohl sechzig
Druckbogen nach seiner Schätzung“ (310), wobei er übrigens von den
durch Busch geordneten Schriftstücken noch wenig zu Gesicht bekommen
habe, und gab ihm „ein schweres Paket“ mit der Aufschrift „Nikols=
burg“ zur Durchsicht. Dieses enthielt also den Kern des 20. Kapitels
in den „Gedanken und Erinnerungen,“ aber nach der ziemlich genauen
Inhaltsangabe, die Busch über das Paket III, 312 giebt, daneben

noch eine Menge von Abschweifungen in Erzählungen früherer Vor=
gänge und in Betrachtungen über die zukünftige Politik, aus denen
dann in dem nun vorliegenden Werke selbständige Kapitel (so 5. 6.
10. 12) ganz oder teilweise hervorgegangen sind. Gesichtet und um=
gearbeitet war damals überhaupt noch nichts, der Fürst hatte vielmehr
„noch keine Zeile davon wieder angesehen"; ja Bucher meinte, „schwerlich
werde aus der Sache noch etwas werden, jedenfalls sei er sich noch
nicht klar darüber, ob es schon bei Lebzeiten oder erst posthum zu
veröffentlichen sei." Dies bestätigte der Fürst ein paar Tage später
Busch selbst: „Es wird wahrscheinlich zuletzt nichts daraus werden. Ich
habe keine Akten, und wenn ich mich auch an die Hauptsachen erinnere
— sehr deutlich —, so kann man doch die Einzelheiten seiner Er=
lebnisse und Erfahrungen im Laufe von dreißig Jahren nicht im Ge=
dächtnis behalten." Von einer Veröffentlichung bei Lebzeiten aber
halte ihn das monarchische Prinzip ab, das er von 1847 an immer
vertreten und hochgehalten habe wie eine Fahne, und verschweigen
dürfte er ebenso wenig. Wenn das Buch aber nach seinem Tode
herauskäme, da würde es heißen: „Da habt ihrs, noch aus dem Grabe
heraus — welch ein abscheulicher alter Kerl!" (310. 314). Busch zu
der Arbeit heranzuziehn, daran dachte Bismarck damals offenbar nicht
mehr, aber er setzte voraus, daß dieser einmal nach seinem Tode „eine
innere Geschichte unsrer Zeit nach guten Quellen schreiben" werde (315).
Er gab ihm denn auch einige Papiere zum Abschreiben und Abdrucken
mit (316. 317. 319).

Mit den Denkwürdigkeiten nahm es auch nachher nicht den ge=
wünschten Fortgang. Am 26. Juni 1891 schrieb Bucher verdrießlich:
„Wenn ich den Stein ein Stück bergauf gewälzt habe, so rollt er
wieder hinunter" (322). Busch nahm daraus die Anregung, auf das
Angebot Kröners vom 23. Juni, ihm eine größere Biographie Bismarcks
zu schreiben, einzugehn, zumal da der Fürst auf eine Anfrage Buchers
diesem deshalb geantwortet hatte: „Ich habe gar nichts dagegen. Ich
habe doch zuweilen das Gefühl, daß es einmal schnell mit mir zu
Ende geht. Es ist mir lieb, noch manche Irrtümer viva voce be=
richtigen zu können. Busch hat viel Material" (322). Busch wollte
aber die Biographie (die natürlich nicht mit seinen Tagebuchblättern
zu verwechseln ist) nur in der Voraussetzung unternehmen, daß die

Denkwürdigkeiten in den nächsten Jahren nicht veröffentlicht würden, weil der Zwerg dem Riesen nicht Konkurrenz machen könne, und hoffte dann Bismarcks Diktate für seine Zwecke benutzen zu dürfen (323). Die Antwort Buchers vom 1. September 1891 schien diese Voraussetzung zu bestätigen, denn dieser schrieb mißmutig: „Aus den Memoiren wird nie etwas werden, und wenn er und ich noch zehn Jahre leben. Das Haupthindernis ist seine »Faulheit«, wie er selbst sich ausdrückt. Meine Arbeit kann ja nur darin bestehn, das Chaos von Diktaten zu zerschneiden und die Stücke zu Mosaikbildern zu vereinigen, außerdem seine Chronologie richtig zu stellen, die ganz unzuverlässig ist und natürlich die Kausalverbindungen fälscht. Was er zu thun hat, ist, die von mir hergestellten Kapitel und die einschlagenden Briefe, die ich dazu gelegt habe, zu lesen, und dazu ist er nicht zu bringen. Von den vierzehn Kapiteln, die ich seit dem September v. J. vorgelegt habe, hat er bei meiner Abreise von Kissingen eins ganz und eins nur zum Teil gelesen! In vier wichtigen Fällen habe ich ihn durch Richtigstellung seiner Chronologie zu dem Geständnis genötigt, daß die Sache allerdings nicht so gewesen sein könne, wie er sie diktiert hatte, aber keine Erklärung herausquetschen können, wie es denn sonst gewesen sei. Ich bin der Verzweiflung nahe und wäre sehr zufrieden, wenn meine Arbeit eingestellt und der ganze Wust an Sie ausgeliefert würde. Wie er darüber denken wird, weiß ich nicht; aber machen Sie immerhin den Versuch" (324). Das that denn auch Busch durch ein an den Kanzler gerichtetes Schreiben vom 10. September, aber dieser antwortete am 14. ablehnend mit der Bemerkung: „Meine eignen Niederschriften und Diktate kann ich — noch nicht zur Verfügung stellen. Die Veröffentlichung des Inhalts ist für jetzt weder direkt noch indirekt thunlich." Das von Busch beabsichtigte Werk werde er aber gern vor der Veröffentlichung durchsehen (328). Infolge dieses Bescheids gab Busch seinen Plan, eine Biographie zu schreiben, überhaupt auf (330).

Bucher, der auch vor Weihnachten wieder längere Zeit in Friedrichsruh verweilt hatte, sagte sehr verstimmt am 5. Januar zu Busch: „Da [an den Memoiren] arbeitet man in jeder Beziehung ohne Erfolg und Freude. Es ist ein ganz hoffnungsloses Abmühen und giebt nichts für die Geschichte. Nicht nur, daß sein Gedächtnis mangelhaft und sein Interesse für das, was wir fertig haben, gering ist — er hat bis jetzt nur wenig von meinen Paketen wieder durchgesehn —, sondern er fängt an, auch zu entstellen, und zwar selbst bei klaren ausgemachten Thatsachen und Vorgängen," was er dann mit einer Reihe von Bei= spielen belegte. — „Zu den Arbeiten für die Memoiren wird jetzt auch ein alter Kopist zugezogen werden, da Chrysander, dem ich mein Stenogramm in Übersetzung diktiere — das Abschreiben nicht mehr überwältigen kann. Sie sollen den Söhnen als Vermächtnis bleiben, werden aber schwerlich veröffentlicht werden von ihnen. — Höchstens ließe sich einmal ein letztes Kapitel über die Vorstadien seiner Ver= drängung und seines schließlichen Rücktritts drucken, über die sich Herbert reichliche und zuverlässige Aufzeichnungen gemacht hat" (330. 332).

So stand es mit den Denkwürdigkeiten im wesentlichen noch, als Bucher am 12. Oktober 1892 fern von der Heimat starb. Nur der Teil des Werks, der die letzten beiden Jahre der Amtsthätigkeit des Reichskanzlers, die Zeit von 1888—90 behandelte, war wirklich druck= fertig, alles andre noch nicht. Am Ganzen war Buchers Anteil offenbar sehr groß gewesen. Er hatte nicht nur den Fürsten fortwährend zur Erzählung angeregt, diese Diktate stenographisch aufgenommen und dann in die gewöhnliche Schrift übertragen lassen, sondern er hatte auch den zunächst bunt durcheinander liegenden Stoff geordnet, in Kapitel geteilt, Irrtümer und Widersprüche hervorgehoben und die Berichtigung ver= anlaßt. Gerade in dieser wichtigen Seite seiner Thätigkeit war er ganz unersetzlich, denn es handelte sich dabei offenbar nicht wesentlich um falsche Datierungen, die jeder berichtigen konnte, sondern um Irrtümer in den Thatsachen und ihren Zusammenhängen, die nur der lang= jährige vertraute Mitarbeiter des Reichskanzlers während seiner größten Zeit (1864—86) genau kannte. Aber obgleich, wie Schweninger S. 12 mitteilt, nach Buchers Tode nicht mehr viel Neues zu dem Vorhandnen hinzukam, so gelang es doch, den Fürsten zu immer erneuter Durch= sicht, Verbesserung und Ergänzung des 1893 (nach einem Besuche Kröners in Friedrichsruh am 2. Mai, Tagebuchblätter III, 334) zu seiner Erleichterung schon im Manustript gedruckten Entwurfs zu ver= anlassen.

Ein geschulter und sorgfältig arbeitender Historiker, Professor Horst Kohl, übernahm dabei die Aufgabe, „die eingestreuten Schrift=

stücke nach den Urschriften richtig zu stellen, kleine Irrtümer in der Angabe von Daten oder der Schreibung von Namen, die der Mangel an amtlichem Material verschuldete, zu bessern, in Fußnoten auf ähnliche Äußerungen des Fürsten in seinen politischen Reden aufmerksam zu machen und litterarische Nachweise zu geben" (Vorwort S. VI).

Auch in dieser vielfach veränderten Gestalt trägt das Buch selbstverständlich die Spuren seiner Entstehungsgeschichte. Vor allem ist es natürlich kein Werk aus einem Gusse. Der Verfasser greift in seinen Erzählungen und Betrachtungen bald weit vor, bald weit zurück. Er stellt z. B. die Bemerkungen über sein Verhältnis zu König Ludwig II. und den dieses erläuternden Briefwechsel, der erst mit dem Ende des Jahres 1870 beginnt, an den Schluß des ersten Bandes, indem er dabei an sein erstes Zusammentreffen mit ihm 1863 anknüpft. Die Möglichkeit eines Kriegsbundes mit Rußland 1863 wird erst im Zusammenhang mit dem Ende des Krieges von 1866 erörtert (II, 62 ff.) statt beim dreizehnten Kapitel I, 306 f. (Die Alvenslebensche Konvention 1863), die Rolle der Kaiserin Eugenie 1870 nicht bei der Vorgeschichte des französischen Krieges, sondern im Zusammenhange mit dem Verhältnis zu Frankreich nach 1871 (II, 168 f.). Die Betrachtung über die Beziehungen zu Rußland unter Alexander II. bis nach 1878 wird in die Schilderung der Gefahren einer diplomatischen Einmischung in den Krieg mit Frankreich 1870 eingeflochten (II, 106 ff.) u. dgl., wie eben der Fürst im Zusammenhang seiner Diktate auf diese an sich abliegenden Gegenstände gekommen war. Daran ist natürlich gar nichts zu beklagen, als etwa der Mangel jedes Registers zu diesen Bänden, das es dem Leser erleichtern würde, solche Beziehungen wieder aufzufinden; an sich macht diese oft bunte Anordnung gerade den Eindruck der frischen Unmittelbarkeit.

Damit hängt nun ein zweiter Charakterzug des Werks zusammen. Es ist weder als Zeitgeschichte noch als Biographie vollständig, es läßt vielmehr zwischen den erzählten Ereignissen große Lücken. Nicht nur bringt es über Bismarcks Jugendentwicklung bis zum Abgange vom Gymnasium 1832 nichts weiter als das Schlußresultat mit dem höchst bezeichnenden Anfangssatz, der das ganze Werk eröffnet: „Als normales Produkt unsers staatlichen Unterrichts verließ ich Ostern 1832 die Schule als Pantheist, und wenn nicht als Republikaner, doch mit der

Überzeugung, daß die Republik die vernünftigste Staatsform sei," sondern es ist auch als Ganzes nur eine Reihe von ausgewählten Erzählungen und Betrachtungen, genau dem Titel: „Gedanken und Erinnerungen" entsprechend. Gern hörten wir ihn z. B. eingehender berichten über die Vorgeschichte der beiden großen Kriege von 1866 und 1870, selbst über seine Thätigkeit in ihrem Verlaufe, die nur in einzelnen ihrer Abschnitte geschildert wird, über die Sozial= und Wirtschaftspolitik, die nur gestreift, über die Kolonialpolitik, die gar nicht erwähnt wird, selbst über das Dreikaiserbündnis, das im Zusammenhange fast nur als eine Vorstufe des mitteleuropäischen Dreibundes erscheint. Manche dieser Lücken läßt sich aus der sonstigen zum Teil von Bismarck selbst angeregten Litteratur genügend ergänzen, woraus sie sich ja auch mit erklären mögen, aber keineswegs alle. Vor allem hätte man über die Stellung Bismarcks zu der spanischen Thronkandidatur des Prinzen Leopold von Hohenzollern, die den Anstoß zur französischen Kriegserklärung gab, nähere Aufklärung gewünscht. Selbst in dem sonst so viel besprochnen Verhältnis zu Rußland fehlt jede Beziehung auf die im Frühjahr 1873 in St. Petersburg unterzeichnete geheime Konvention, der Fürst Bismarck seine Unterschrift verweigerte (Tagebuchblätter III, 349). Kurz, die Gedanken und Erinnerungen befriedigen unsre Wißbegierde in manchen recht wichtigen Punkten keineswegs, und auch Horst Kohls „Wegweiser" bietet im wesentlichen nur einen guten Auszug, aber an Ergänzungen wenig, wie z. B. S. 123 ff. die Gedanken des Kronprinzen über den Friedensschluß mit Frankreich und die endliche Einigung Deutschlands vom 14. August 1870 oder S. 168 ff. 178 ff. den Briefwechsel zwischen Wilhelm I. und Alexander II. vor und nach dem Abschlusse des deutsch-österreichischen Bündnisses 1879, der seinen Platz gewiß besser in den Denkwürdigkeiten selbst gefunden hätte und dort aus nicht recht ersichtlichen Gründen weggeblieben ist.

Doch diese Hinweise auf fühlbare Lücken mögen als unbedeutend, vielleicht gar als kleinlich erscheinen gegenüber der Fülle dessen, was das Werk wirklich bietet. Schlechthin Neues und Unbekanntes wird es so sehr viel nicht enthalten, aber zahlreiche Thatsachen treten in schärfere oder in neue Beleuchtung, und obwohl die frische Unmittelbarkeit der Schilderung, die Fürst Bismarcks Erzählungsweise auszeichnete, in

diefem Buche der Natur der Sache nach nur dann und wann hervor=
tritt, übrigens in der erften Hälfte noch mehr als in der zweiten: da,
wo fie auftritt, ift fie nicht geringer wie irgendwo anders. Höchft
lebendig mit manchen noch unbekannten Zügen fchildert er fein Ver=
halten in den Märztagen des Jahres 1848, wo er entfchloffen die
Anregung zu einer Gegenrevolution gegen die in Berlin fiegreiche
Demokratie zu geben verfucht (I, 20 ff.); fehr merkwürdig ift der Plan
des liberalen Führers Georg von Vincke, den König zur Abdankung
zu bewegen, den Prinzen von Preußen von der Thronfolge zu ver=
drängen und eine liberale Regentfchaft unter der Prinzeffin Augufta
für den unmündigen Prinzen Friedrich Wilhelm einzufeßen, der erfte
Waffengang Bismarcks mit der ftolzen und energifchen Fürftin (I, 36 ff.).
Das gerade in jenen verhängnisvollen Tagen begründete Vertrauens=
verhältnis zu Friedrich Wilhelm IV., das den einfachen altmärkifchen
Edelmann in die diplomatifche Laufbahn einführte, ihn nach Frankfurt
brachte und fchon unter dem Minifterium Manteuffel zum thatfächlichen
Leiter der auswärtigen Politik Preußens machte, obwohl er troß mehr=
facher Aufforderungen (1852, 1854, 1856) es ablehnte, der Minifter
diefes Königs zu werden, das alles tritt erft jeßt mit voller Klarheit
hervor, ebenfo die Härte des Kampfes, den er 1862 bis 1866 mit
einigen Mitgliedern des königlichen Haufes, mit dem Kronprinzen und
der Königin zu führen hatte (vergl. befonders Kapitel 17 „Danziger
Epifode"), ferner feine von Anfang an, troß der mannigfachften und
heftigften Gegnerfchaft, feft auf ein ganz beftimmtes Ziel, die Annexion,
losgehende Politik in Schleswig=Holftein, auf deren glänzendes Ge=
lingen er immer befonders ftolz war (II, 8 ff.), dann die Neutralitäts=
verhandlungen 1866 mit Hannover (II, 24), die dicht vor dem Ab=
fchluffe fcheiterten, der Verfuch, im leßten Augenblicke auch Kurheffen
durch den Kurprinzen für diefelbe Haltung zu gewinnen (II, 25 f.),
der heiße Kampf um die Friedensbedingungen in Nikolsburg (II, 39 ff.),
und Bismarcks entfcheidender Einfluß auf die Kriegführung nach der
Schlacht bei Königgräß durch den Kriegsrat von Czernahora bei
Brünn am 12. Juli (II, 37 ff.), der fein Verhältnis zum General=
ftabe und feinen „Halbgöttern" auf die Dauer verdarb. Mit hin=
reißender, überzeugender Klarheit entwickelt er im 21. Kapitel („Der
Norddeutfche Bund") den innigen Zufammenhang zwifchen feiner innern

und seiner auswärtigen Politik nach 1866. Bei der Darstellung des Kriegs
von 1870/71 (Kapitel 23) legt er das Schwergewicht auf den hart=
näckigen Kampf, den er vor Paris, von Roon unterstützt, mit dem
Generalstabe und dem Einflusse hochgestellter Damen um die Beschießung
von Paris und um seinen Einfluß auf die Leitung der militärischen
Operationen zu führen hatte, da seine unzweifelhaft berechtigte An=
schauung, der Krieg sei nur ein Mittel zur Erreichung politischer
Zwecke, bei den „Halbgöttern" fortwährend auf Widerstand stieß. Beim
Kulturkampf (Kap. 24) betont er vor allem dessen Zusammenhang mit
den polnischen Bestrebungen und seinen Zweck, die Hoheit des Staates
gegenüber den Herrschaftsansprüchen der römischen Kirche zu wahren,
und weist nach, wie erst die „Desertion" der freisinnigen Partei ihn aus=
sichtslos gemacht, wie er aber dem Staate trotzdem eine Reihe von
dauernden Erfolgen gebracht und einen erträglichen modus vivendi
herbeigeführt habe, während ein prinzipieller Ausgleich bei der Natur
der römischen Kirche unmöglich sei. Sehr neu und eigentümlich tritt
später sein persönliches Vertrauensverhältnis zu Kaiser Alexander III.
von Rußland als eine Grundlage der Beziehungen Deutschlands zum
Zarenreiche hervor (II, 157 f.).

Diesen Darstellungen sind nun glänzende Lichter aufgesetzt in Ge=
stalt einzelner scharf und lebendig gezeichneter Bilder. Welch eine
Szene im Potsdamer Schlosse, als der König am 25. März 1848
an die um ihn im Marmorsaale versammelten Gardeoffiziere eine An=
sprache richtet, er sei niemals freier und sichrer gewesen, als unter dem
Schutze seiner (Berliner) Bürger (die eben noch gegen ihn rebelliert
hatten!), und die schon über den Rückzug aus der besiegten Haupt=
stadt tief erbitterten Männer mit einem Murren und Aufstoßen der
Säbelscheiden antworten, „wie es ein König von Preußen inmitten
seiner Offiziere nie gehört haben wird und hoffentlich nie wieder hören
wird" (I, 26). Oder wie er am 22. September 1862 den König
in Babelsberg umstimmt (I, 267) und ihn in Jüterbogk „bei seinem
preußischen Offiziersportepee faßt" (I, 283 ff.), ein Auftritt, den er
gern immer wieder erzählt hat, und wie er ihn dann in Baden=Baden
im August 1863 vom Besuche des Frankfurter Fürstentags mit dem
Aufgebot aller Kraft zurückhält (I, 340). Oder sein ganz persönlicher
Zusammenstoß mit dem Kronprinzen im September 1863, der ihm

mit einem „feindlichen Ausdruck olympischer Hoheit" begegnet! (I, 323). Geradezu erschütternd wirkt es, wie er in Nikolsburg, als der König auf seine maßvollen Vorschläge für die Friedensbedingungen nicht ein= gehn will, nach heftigem Streite das einemal im Weinkrampf zu= sammenbricht, das andremal sogar einen Augenblick an Selbstmord denkt, und der Kronprinz vermittelnd dazwischentritt (II, 43. 47). Wie plastisch herausgearbeitet sind auch die Figuren der Petersburger Hofgesellschaft in ihren drei auf einander folgenden, ganz verschiednen Generationen (I, 219 ff.), oder der napoleonische Hof in Paris mit seinem Glanze und seinen plebejischen Sitten (I, 153 ff.)! Bilder der= art erregen nur das Bedauern, daß diese Meisterhand nicht noch mehr ähnliche gezeichnet hat.

Ein besonders eigentümliches Element des Werkes sind die po= litischen Betrachtungen, die bald an einzelne Ereignisreihen angeknüpft werden, bald ganze Kapitel füllen und zusammen einen sehr beträcht= lichen Teil des Ganzen ausmachen. In ihnen hat der Verfasser das Ergebnis eines langen, unvergleichlich erfolgreichen Lebens vor allem zur Belehrung für die Gegenwart und Zukunft niedergelegt. So er= örtert er im Anschluß an die Schilderung der Märztage von 1848, welche Möglichkeiten sich bei einer entschlossenern und klarern Haltung des Königs, der die Macht der Bewegung überschätzt, die der monar= chischen Idee im Volke und Heere unterschätzt und zuviel Rücksicht auf „moralische Eroberungen" in Deutschland genommen habe, der preu= ßischen Krone für ihre deutsche Politik geboten hätten (I, 40 ff. 54 ff.). Zweimal, da, wo er I, 10 seine eignen Jugenderfahrungen in der Verwaltung bespricht, und wo er II, 179 f. auf die Verwaltungsreform des Grafen Friedrich Eulenburg 1877 eingeht, erläutert er die neue „Selbstverwaltung" und findet, daß sie nur eine Verschärfung der alten Bürcaukratie sei, da sie den Landrat in einen reinen Regierungs= beamten verwandelt und damit die alten festen Beziehungen des Amtes zu dem Kreise zerstört habe. An die Erzählung von seinem Eintritt ins Ministerium 1862 knüpft er eine ausführliche Besprechung der schweren Versäumnisse in der auswärtigen Politik Preußens seit 1786, das nach 1806 überhaupt keine wirkliche Selbständigkeit gehabt habe und als eine Großmacht nur cum grano salis habe gelten können, nicht weil es ihm an innerer Kraft, sondern weil es der Regierung

an preußischem Selbstgefühl gefehlt habe, vor allem unter Friedrich
Wilhelm IV., den die Verantwortung für die damalige Politik in allen
wesentlichen Stücken selber treffe. Erst Wilhelm I. habe sich allmählich
unter seiner eignen Mitwirkung emanzipiert, auch von den nach der
alten Richtung hindrängenden Einwirkungen seiner nächsten Umgebung
(I, 270 ff.). Höchst merkwürdig ist die Erörterung über die Ent=
täuschung, die ihm der Reichstag und die Dynastien bereitet haben;
die nationale Gesinnung der Dynastien habe er unterschätzt, die der
deutschen Wähler oder doch des Reichstags überschätzt (II, 309), und
wie bitter resigniert klingt der Satz II, 58: „Ich habe nie gezweifelt,
daß das deutsche Volk, sobald es einsieht, daß das bestehende (all=
gemeine) Wahlrecht eine schädliche Institution sei, stark und klug genug
sein werde, sich davon freizumachen. Kann es das nicht, so ist meine
Redensart, daß es reiten könne, sobald es erst im Sattel säße, ein
Irrtum gewesen.“ Leider ist sie, wie es scheint, wirklich ein Irrtum
gewesen. Ein ganzes Kapitel, das 13., widmet der Verfasser dem
Verhältnis der „Dynastien und Stämme“ zur nationalen Einheit. Er
findet, bei den Deutschen sei die Anhänglichkeit an eine Dynastie Vor=
aussetzung des praktischen Patriotismus. Darin liege die Bedeutung
der Dynastien für den Zusammenhang der Nation, und da dieses Ver=
hältnis, das bei andern Völkern nicht vorhanden sei, nun einmal eine
reichsdeutsche Eigentümlichkeit sei, so müsse man mit ihm rechnen, so
lange es kräftig sei. Daß die Bewegung von 1848/50 dies versäumt
habe, sei ihr größter Fehler gewesen. Andrerseits habe sich das dy=
nastische Interesse unter das nationale Interesse zu beugen und dürfe
nicht neue Zersplitterung verursachen, denn „das deutsche Volk und sein
nationales Leben können nicht unter fürstlichen Privatbesitz verteilt
werden.“ Die einzelstaatliche Souveränität sei an sich „eine revolu=
tionäre Errungenschaft auf Kosten der Nation und ihrer Einheit,“ und
die Dynastien seien nur deshalb so mächtig geworden, weil sie die
Krystallisationspunkte des deutschen Sondertriebes gewesen seien. Nach
diesen Ausführungen wird wohl niemand mehr wagen dürfen, den
Fürsten Bismarck, der immer genau danach gehandelt hat, als den
prinzipiellen Beschützer jedes kleinfürstlichen Rechts und andrer so=
genannter „Imponderabilien“ in Anspruch zu nehmen.

Wie das Verhältnis zu Rußland immer im Vordergrunde seiner

Politik gestanden hat, so kommt er auch mehrfach in kürzern oder längern Betrachtungen darauf zurück, so II, 251 ff., wo er darauf hinweist, daß das 1879 geschlossene Bündnis mit Österreich durch gute Beziehungen Deutschlands zu Rußland befestigt, durch eine Entfremdung von diesem unsichrer gemacht werde und bei der Unberechenbarkeit der innern Entwicklung Österreichs thatsächlich auf zwei Augen stehe, so vor allem im 30. Kapitel über die „zukünftige Politik Rußlands." Er sieht ihren (europäischen) Hauptzweck in der mittelbaren Beherrschung der euro= päischen Türkei und in einem russischen Verschluß des Bosporus. Deutschland sei dem gegenüber in der vorteilhaften Lage, daß es keine unmittelbaren Interessen im Orient habe, und sei zugleich durch seine zentrale Stellung genötigt, einerseits alles zu thun, um einen Zu= sammenstoß mit Rußland zu vermeiden, der ihm auch im glücklichsten Falle nichts der Rede wertes einbringen könne, andrerseits Österreich nicht in die Arme Rußlands zu treiben; denn gelänge es diesem, Österreich zu gewinnen, so wäre die Koalition des Siebenjährigen Kriegs gegen uns fertig, da Frankreich immer gegen uns zu haben sein würde. Daher sei das höchste Interesse Deutschlands die Erhal= tung des Friedens. Aus diesem Grunde sei er selbst, nachdem wir unsre Einheit innerhalb der erreichbaren Grenzen hergestellt hatten, bestrebt gewesen, das Vertrauen aller Mächte zu der Gerechtigkeit und Friedensliebe des Deutschen Reichs zu erwerben und habe daher selbst berechtigte Empfindlichkeit zurückgedrängt. Natürlich weist er an einer andern Stelle (II, 258 f.) darauf hin, daß alle Staatsverträge nur Geltung haben rebus sic stantibus, auch der Dreibund, und daß daher das altpreußische toujours en vedette niemals vergessen werden dürfe. Man sieht, das ist eine sehr kluge, sehr weitschauende, sehr maßvolle Politik, aber es ist auch eine europäisch beschränkte Politik. Daß sie, nachdem Deutschland auf Grund und unter dem Zwange dessen, was eben sie für Deutschland errungen hat, in die Reihen der Weltmächte eingetreten ist, in jedem Falle ausreichen wird, das wird man nicht erwarten dürfen. Wir haben jetzt mit Nordamerika und Japan gerade so gut zu rechnen, wie mit Rußland und Frankreich, und von den europäischen Großmächten sind schon jetzt Österreich und Italien in die zweite Reihe zurückgetreten; es vollzieht sich also eine neue Gruppierung der Mächte, nicht nach ihren Beziehungen in Europa, sondern in der Welt.

Wenn schon diese ausgedehnten Betrachtungen und die ganze Auswahl und Anordnung des Stoffes eine stark subjektive Färbung in das Buch bringen, so tritt dieser subjektive Charakter noch mehr hervor in dem Urteil über Personen und Dinge, abgesehen noch von dem unbewußten und im einzelnen nicht immer leicht nachweisbaren Einfluß, den die Betrachtung von einem spätern Standpunkte aus darauf ausüben mußte. Denn es liegt über dem Werke nicht die abgeklärte Ruhe des philosophisch-gelassenen Beobachters, der auf die Vergangenheit als auf etwas Abgethanes zurückblickt, sondern es lebt in ihm die nachzitternde Erregung des großen Kämpfers. War doch das ganze Leben des Verfassers vom Eintritt in die politische Laufbahn 1847 bis an seinen Tod, fünfzig Jahre durch, ein ununterbrochner Kampf. Und mit wem hätte er nicht zu kämpfen gehabt! Er rang zuerst mit der Demokratie von 1848/49 für das starke Königtum und die Selbständigkeit seines Preußen, in Frankfurt a. M. mit dem Anspruche Österreichs um die Autonomie der preußischen Politik und die Gleichberechtigung seines Staats, als Minister wieder für das echte Königtum gegen ein parlamentarisches Regiment. Alle Parteien hat er auch später nach einander unter seinen Gegnern gesehen: die Konservativen, seine alten Genossen, die ihm bei dem unvermeidlichen liberalen Ausbau des Reiches und Preußens nicht folgen wollten, die Liberalen, die sich ihm versagten, als er an die nationale Wirtschaftspolitik ging, das neugebildete Zentrum, das die Hoheitsrechte des Staates bestritt und trotzdem dank der aufs bitterste von ihm empfundnen „Desertion" des linken liberalen Flügels zu einer ausschlaggebenden Stellung gelangte, die Sozialdemokratie, die alle Grundlagen des Staats und der Gesellschaft verneinte und trotzdem immer wieder Bundesgenossen unter den „bürgerlichen" Parteien fand. Und diese innern Kämpfe verflochten sich mit den auswärtigen gegen Österreich und die deutschen Mittelstaaten, gegen Dänemark und Frankreich, später um die Erhaltung und den Ausbau der europäischen Stellung Deutschlands. Denn alle Gegner Preußens und des Reichs fanden Bundesgenossen in seinem Innern. Gegen seine deutsche Politik focht unter Friedrich Wilhelm IV. die konservativ-doktrinäre „Camarilla," unter der Regentschaft und in den ersten Jahren Wilhelms I. mit der parlamentarischen Demokratie thatsächlich ver-

bündet eine starke höfische Partei, die an der Königin und dem Kron=
prinzen mit seiner Gemahlin eine Stütze fand, und diese Partei ist
auch später so ziemlich in allen wichtigen Fragen seine entschiedne
Gegnerin geblieben. Dazu wurde die Einheitlichkeit der Staatsleitung
beständig von dem Partikularismus der Ressorts gestört, seine eigne
Politik beständig gekreuzt, weshalb er diesen Verhältnissen in den Ge=
danken und Erinnerungen ein ganzes Kapitel, das 27., widmet. Selbst
seines Königs und Kaisers war er unter diesen von allen Seiten
beständig auf ihn einbringenden Einflüssen nicht in jedem einzelnen
Falle sicher; nur in beständigen Kämpfen konnten sich diese beiden
starken Charaktere immer wieder zusammenfinden, und die große Frage,
wie die Macht des Monarchen und des leitenden Ministers abzu=
grenzen sei, ist auch von Bismarck niemals grundsätzlich gelöst worden,
weil sie unlösbar ist. Kurz der gewaltige Mann, der Deutschland
einigte und Europa eine neue Ordnung auferlegte, ist, so wenig wie
er jemals eine sichre Mehrheit im Reichstage erlangte, auch seiner
amtlichen Stellung niemals ganz sicher gewesen. Er hat sie festge=
halten mit aller Kraft, nicht aus Ehrgeiz, sondern aus Pflichtgefühl,
aus Liebe zu seinem alten Herrn, als seines „Kaisers treuer deutscher
Diener," als seines angestammten Königs altmärkischer Vasall.

Wie hätte ein solcher Mann zu einem objektiven sachlichen Urteil
über seine alten Gegner gelangen können! Er identifiziert sich vielmehr
so mit der Sache, die er vertreten hat, und die nur er so vertreten
konnte, daß seine sachlichen Gegner als seine persönlichen Feinde er=
scheinen, und er will natürlich auch, daß seine Leser die Dinge so
auffassen wie er selbst. Daher das herbe Urteil über fast alle, auch
wenn sie dem Herrscherhause angehören. In der Art, wie er in dem
16. Kapitel „Danziger Episode" den damaligen Kronprinzen behandelt,
liegt etwas Schonungsloses, und man kann wohl fragen, ob das not=
wendig war; auch das Schlußkapitel „Kaiser Friedrich III." schwächt
diesen Eindruck nur wenig ab. Viel herber noch und schwerlich gerecht
wird durch das ganze Buch die Königin und Kaiserin Augusta be=
handelt; die stolze, kluge und auf ihren Einfluß eifersüchtige Dame
erscheint die ganze Zeit hindurch als seine konsequenteste Gegnerin,
die ihm seine Politik aufs äußerste erschwerte, da sich um sie alle
Opposition, die liberale wie die konservative und klerikale, gewissermaßen

krystallisierte (II, 286). Um so wohlthuender hebt sich die herrliche
Charakteristik Wilhelms I. ab (Kap. 32), das schönste litterarische
Denkmal, das ihm gesetzt werden konnte, und das nur dieser Darsteller
ihm setzen konnte.

Es ist das gute Recht aller Denkwürdigkeiten, also auch der
„Gedanken und Erinnerungen," nicht nur die Persönlichkeit des Er=
zählers stark hervortreten zu lassen, sondern auch sein persönliches
Urteil rückhaltlos zur Geltung zu bringen. Eine objektive Geschichts=
darstellung bieten Memoiren nicht und bietet auch das Werk Fürst
Bismarcks nicht. Aber gerade darin liegt sein Wert. Er beruht nicht
in erster Reihe auf den neu mitgeteilten Thatsachen, sondern vor allem
in dem Bilde, das wir von der alles überragenden Persönlichkeit des
Erzählers erhalten. Wie er über die Dinge und die Menschen dachte
und empfand, wie er sie behandelte, was er mit einer politischen Maß=
regel beabsichtigte, welche Erfahrungen er aus seiner Thätigkeit schöpfte,
und welche Regeln sich ihm daraus für die Zukunft ergaben, kurz sein
Wesen als Staatsmann, das ist selbst ein überaus wichtiger Teil der
deutschen und der europäischen Geschichte, denn er hat sie selbst gemacht,
so weit ein einzelner Mensch das überhaupt vermag. Und je stärker
dabei seine Subjektivität hervortritt, je tiefer und persönlicher er die
Gegensätze empfindet, mit denen er im Kampfe gelegen hat, desto mehr
steigert sich die Teilnahme für ihn. Denn tragisch trotz aller Erfolge
ist wie im Grunde das Leben jedes großen Mannes auch dieses groß=
artige Dasein gewesen. Dies ist der stärkste Eindruck, den das Buch
hinterläßt. Der andre ist die Erkenntnis, wie unendlich verwickelt und
schwierig es ist, einen großen Staat zu regieren, d. h. alle die wider=
streitenden Elemente schließlich zu einheitlichem Wollen und Wirken
zusammenzufassen. Wenn sich diese Erkenntnis recht vielen Lesern mit=
teilt, so wird das Werk wesentlich zu der politischen Erziehung der
Deutschen beitragen, die noch sehr, sehr weit davon entfernt ist, ab=
geschlossen zu sein; sie wird mit Ehrfurcht vor dem Staate überhaupt
und mit Bewunderung für den Genius erfüllen, der erst in beständigem
Ringen, durch seine persönliche Arbeit vorhandne Möglichkeiten in
Wirklichkeit umsetzte. Dieses Buch ist sein politisches Testament. Aber
gerade deshalb ist es kein Volksbuch und soll es gar nicht sein, denn
die große Politik ist nichts Volkstümliches. Es ist auch für gebildete

Leſer eine ſchwere Lektüre, die viel Kenntniſſe und ernſte geiſtige Mit-
arbeit vorausſetzt. Möge es durch ſeinen Einfluß mitwirken an der
Erziehung einer geiſtigen Ariſtokratie, die den deutſchen Staat be-
herrſchen muß, wenn er ſeine Aufgabe erfüllen ſoll!

Indem ich mich nun anſchicke, einige beſonders wichtige Kapitel des
Werkes einer nähern kritiſchen Betrachtung zu unterwerfen, iſt es vielleicht
noch immer nicht überflüſſig, mich gegen den Vorwurf der Pietätloſigkeit
zu verwahren. Nicht darin beſteht die Pietät gegen das Andenken eines
großen Mannes, daß man alle Menſchlichkeiten wegleugnet oder ver-
tuſcht und ihm alles gläubig nachſpricht, ſondern darin, daß man ihn
in allen Zügen ſeines Weſens und im Zuſammenhange mit ſeiner Zeit,
die das Genie zwar nicht ſchafft, aber erzieht, zu verſtehn ſucht. Wer
ſtatt eines hiſtoriſchen Porträts ein Idealbild auf Goldgrund malt,
der verfolgt erbauliche Zwecke, ein Hiſtoriker iſt er nicht. Perſönlich
den Vorwurf mangelnder Pietät zu fürchten, habe ich keine Veranlaſſung.
Einem Manne, der mir die Ideale der Jugend und der erſten Mannes-
jahre glorreich verwirklicht hat, deſſen Soldat im Kampfe für Deutſchlands Einheit und Größe an meinem unendlich beſcheidnen Teile in
Wort und Schrift geweſen zu ſein mein Stolz iſt, während ein jüngeres
Geſchlecht, das jetzt den echten Bismarckkultus für ſich allein beanſprucht,
jene Kämpfe noch gar nicht mit Bewußtſein erlebt hat, dem Manne,
der mir noch in ſeinen letzten Jahren, als ich eine ſolche Möglichkeit
gar nicht mehr zu hoffen wagte, perſönliche Freundlichkeit erwieſen hat,
dem pietätlos gegenüberzutreten wäre mir ganz unmöglich.

Im folgenden ſoll die Darſtellung behandelt werden, die Fürſt Bismarck im 19. Kapitel von der ſchleswig-holſteiniſchen Verwicklung, im 22.
und 23. Kapitel von dem Kriegsjahre 1870/71 giebt. Denn einmal zeigt
ihn dieſe Zeit auf der Höhe ſeiner Wirkſamkeit, ſodann fließen hier gerade
die Quellen ſo reichlich, daß es, obwohl die Archive im großen und ganzen
noch lange unzugänglich bleiben werden, oft möglich iſt, bis ins einzelne
hinein zu kontrollieren. Die Abſicht, auch das 20. Kapitel (Nikolsburg) in ähnlicher Weiſe zu unterſuchen, habe ich fallen laſſen, weil
inzwiſchen Max Lenz im Juliheft der Deutſchen Rundſchau dieſe Aufgabe gelöſt hat und über ſein zum Teil negatives Ergebnis jetzt ſchwerlich
hinauszukommen ſein wird.

1. Schleswig-Holstein

Das 19. Kapitel giebt noch viel weniger eine zusammenhängende Er=
zählung als andre Teile der Gedanken und Erinnerungen; es muß
sogar einerseits ergänzt werden durch Stücke des 17. Kapitels, andrer=
seits enthält es manches, was mit Schleswig=Holstein in gar keinem
Zusammenhang steht und von dieser Betrachtung ganz ausgeschieden
werden muß. Es wäre hier also ein unnützer Versuch, auf die Nach=
weisung von Lücken ein besondres Gewicht zu legen; der Fürst hat
vielmehr neben einer übersichtlichen Erörterung seiner schleswig=hol=
steinischen Politik nur einzelne ihn besonders interessierende Partien
aus dem ganzen Verlaufe der Begebenheiten herausgegriffen und setzt
überall Sybels Darstellung voraus, auf die er sich gelegentlich auch
unmittelbar bezieht. Demnach kann es sich hier nur um eine Prüfung
der einzelnen Angaben handeln, namentlich darum, ob sie etwa in der
Erinnerung des Verfassers gefärbt oder verschoben sind.

Von den vier Abschnitten des Kapitels hängen die beiden ersten,
die Besprechung seines Gegensatzes zu dem Gesandten in Paris, dem
Grafen Robert von der Golz, und die Übersicht über seine schleswig=
holsteinische Politik eng zusammen. Zur Beurteilung des ersten Stücks
gehören natürlich auch die hier nicht mitgeteilten Briefe des Bot=
schafters. Dieser stimmte mit seinem Chef sehr wenig überein. Er
verwarf schon dessen viel angefochtne Februarkonvention mit Rußland,
weil er von ihr eine Isolierung Preußens befürchtete, und stellte sich
in der schleswig=holsteinischen Sache so ziemlich auf den entgegen=
gesetzten Standpunkt. Bekanntlich hatten der plötzliche Tod Fried=
richs VII. von Dänemark am 13. November 1863 und die Unter=
zeichnung der dänisch=schleswigischen Gesamtstaatsverfassung durch seinen

Nachfolger Christian IX., nachdem der Bundestag schon am 1. Oktober die Exekution gegen Holstein beschlossen hatte, alle Beteiligten vor eine ganz neue Lage gestellt. Doch wurde sie sehr verschieden auf= gefaßt. Während sich die öffentliche Meinung in Holstein und in den deutschen Mittelstaaten für das unter allen Umständen zweifelhafte Erbrecht Friedrichs (VIII.) von Augustenburg begeisterte, weil sie darin das sichere Mittel erkennen zu dürfen meinte, die unerträglich ge= wordne Verbindung der Herzogtümer mit Dänemark zu lösen, hielten sich Preußen und Österreich an das von allen Großmächten anerkannte Londoner Protokoll, das dies Erbrecht ausschloß, gebunden, solange nicht alle Mittel erschöpft waren, die vertragswidrige Haltung Däne= marks zu ändern. Demgemäß verständigten sie sich am 24. November über die Beschleunigung der beschlossenen Exekution, und der preu= ßische Ministerrat beschloß am 26. die Mobilisierung von etwa 60 000 Mann, der Bundestag aber, von der rein formellen Mehr= heit der Mittel= und Kleinstaaten beherrscht, suspendierte am 28. No= vember im Widerspruch mit den beiden Großmächten die holsteinische Stimme, verweigerte also Christian IX. die Anerkennung als Herzog von Holstein. Darauf wurde am 7. Dezember die Durchführung der Exekution beschlossen und am 24. mit dem Einmarsch der sächsisch=hannöverschen Truppen begonnen, beides mit Zustimmung der Großmächte. Aber die wachsende Agitation der Mittelstaaten und der öffentlichen Meinung in Deutschland führte die Großmächte enger zusammen; sie wollten und konnten sich von den Kleinstaaten in einer europäischen Frage nicht majorisieren lassen und verständigten sich Ende Dezember über den Antrag, Schleswig von Bundes wegen zu besetzen, als Pfand für die Erfüllung ihrer Forderung, die Novemberverfassung aufzuheben.

In dieser Lage hatte von der Goltz schon am 1. Dezember vor jeder Koalition mit Österreich oder Frankreich gewarnt, weil dabei für Preußen nichts zu gewinnen sei; am 22. Dezember richtete er ein ausführliches Schreiben an den Minister,[1] wobei er von der Voraus= setzung ausging, daß dieser den Krieg für die Befreiung Schleswig= Holsteins gar nicht wolle, sondern nur die Personalunion gemäß dem

---

[1] Bismarck-Jahrbuch V, 230. 231 f. Vom zweiten Briefe fehlt leider der Eingang, doch kann das nicht viel sein.

Londoner Protokoll. Die Gelegenheit sei jetzt dagewesen, das Gagernsche Programm [Einigung des außerösterreichischen Deutschland unter Preußen] ohne Reichsverfassung zu verwirklichen [also damit jeder auswärtigen Einmischung in die schleswig=holsteinische Sache die Spitze zu bieten]. Aber nicht einmal das Bündnis mit Österreich und dem Deutschen Bunde genüge Bismarck, um den doch unvermeidlichen Krieg gegen Dänemark zu führen, trotz der 70 Millionen Menschen, die es vereinigen werde. Wozu solle dann die ganze preußische Armeereorganisation dienen, wenn man für eine solche echt preußische und deutsche Sache den Krieg scheue? Vom Auslande sei gar nichts zu fürchten, und die „Revolution" stärke Bismarck, wenn er ihr die Führung einer so gerechten Sache überlasse. Was heiße denn überhaupt „revolutionär"? Von Bismarcks Standpunkt aus wären jetzt sämtliche mittelstaatliche Minister und Könige, sowie der ganze holsteinische Adel „verkappte Revolutionäre." „Revolutionär" sei wirklich das Londoner Protokoll, „das schmählichste der Manteuffelschen Vermächtnisse," und es sei nichts „unsittlicher," als einer konservativen Bevölkerung einen unrechtmäßigen Landesherrn aufzuzwingen, Christian IX. aber sei „völlig unberechtigt." Bismarck dürfe nicht Exekutor eines solchen Vertrags sein, damit setze er seine Zukunft, die der Dynastie, die Großmachtstellung Preußens, die Existenz der konservativen Partei aufs Spiel. Denn ein deutsches Land von Deutschland ohne Schwertstreich trennen zu lassen, „das wäre der Bruch mit Preußens Beruf."

Da Golz diesen Standpunkt auch in seinen amtlichen Berichten und sogar unmittelbar beim König vertrat, also der Politik seines Chefs entgegenwirkte, wie man in eingeweihten Kreisen in Berlin sehr wohl wußte,[1] so antwortete ihm Bismarck sofort schon am 24. Dezember.[2] Nachdem er in den auch hier nicht vollständig erhaltnen Eingangssätzen ihn darauf hingewiesen hat, daß seine Berichte weit über das Maß, das ein Gesandter einhalten müsse, hinausgingen, und

---

[1] M. Duncker bei Bernhardi (Aus dem Leben Theodor von Bernhardis) V, 224 Mitte Dezember: „Bernstorff in London und Graf Robert Golz in Paris sind wütend über die Politik, die er [Bismarck] befolgt, schreiben in diesem Sinne und zeigen die Gefahren dieser Wege. Robert Golz schreibt dem König direkt, wie die Dinge in Paris wirklich stehn."

[2] Abgedruckt schon im Bismarck=Jahrbuch V, 231 ff.

der König nicht „zwei auswärtige Minister" haben könne, sondern nur einen, und der sei er, stellt er kurz die Frage: Ist Preußen eine [europäische] Großmacht oder nur ein deutscher Bundesstaat, soll es also „monarchisch" oder „durch Professoren, Kreisrichter und klein=städtische Schwätzer" regiert werden? Die Jagd nach Popularität in Deutschland hat uns unsre Stellung in Deutschland und Europa ge=kostet; wir werden sie nur wiedergewinnen, wenn wir zuerst Groß=macht, dann Bundesstaat sind. So hat Österreich immer gehandelt; die Schmerlingsche Politik, die Goltz als Ideal vorschwebt, hat Fiasko gemacht [mit dem Frankfurter Fürstentage 1863], die Bismarckische Politik, die er tadelt, hat schon große Erfolge aufzuweisen: die [öster=reichisch=mittelstaatliche] Bregenzer Koalition [1850] ist gesprengt, Öster=reich ist einig mit Preußen, Frankreich sucht Preußen, in London und Petersburg gilt es wieder etwas. Mit einer „populären" Politik würde sich Preußen alles verderben, und doch in den Elementen, auf die es sich dann stützten müßte (auf „Pforten, Koburg und Augusten=burg, auf alle Schwätzer und Schwindler der Bewegungspartei"), gegen die vier andern Großmächte keine Stütze finden; die einzig mögliche Politik ist und bleibt also „waffenmäßige Großmachtpolitik." Das Gagernsche Programm würde, wenn die „Würzburger" [die Mittel=staaten] im Kampfe um Schleswig=Holstein Preußen ehrlich Beistand leisteten und dieser siegreich ausgegangen wäre, einen Großherzog mehr in Deutschland, also für Preußen einen Gegner mehr am Bundes=tage ergeben haben, oder es war nur durchzuführen mit Hilfe einer populären Bewegung für die Reichsverfassung, die den Kleinstaaten höchst unwillkommen wäre und ihre Treue gegen Preußen, auf die dies doch dann rechnen mußte, erschüttern würde. Das Siebzig=millionenreich aber würde Österreich zwingen, eine Politik zu unter=stützen, die Preußen zur Hegemonie führen soll. Auch er traue Öster=reich nicht, aber er finde es für jetzt richtig, „Österreich bei uns zu haben." Denn die Kriegsgefahr bestehe in der That, von Frankreich wie von Rußland her, und darum sei auch die Armeereorganisation un=bedingt nötig. Kriegsscheu sei auch er nicht, im Gegenteil, der Krieg liege auch in seinem Programm; nur sei der Weg, auf dem Goltz dazu gelangen wolle, „staatsmännisch unrichtig"; deshalb verwerfe er ihn, nicht etwa weil er „revolutionär" sei. Wenn Goltz den Londoner

— 27 —

Vertrag „revolutionär" nenne, so seien es die Wiener Traktate „zehn=
mal mehr," aber das europäische Recht werde eben durch europäische
Traktate geschaffen. Als Minister würde Golz einsehen, daß seine
Politik undurchführbar sei, Kritik sei freilich leicht. Aber sein Ver=
fahren müsse Golz ändern, sonst könne er sich nicht mehr offen gegen
ihn aussprechen, was doch dem Botschafter in Paris gegenüber „bis
zum letzten Worte" nötig sei.

Bismarck rechtfertigte also hier seine Politik vom Standpunkte
der Großmachtstellung Preußens und der europäischen Lage aus, gab
auch zu, daß er den Krieg um Schleswig=Holstein wolle, sagte aber
nichts über sein letztes Ziel, überzeugte daher auch Golz, keineswegs
wie er selbst vorausgesehen hatte. Vielmehr lehnte dieser in einem
Schreiben von Ende Dezember[1] Bismarcks Auffassung von der Stellung
des Gesandten zum Minister des Auswärtigen rundweg ab, da dann
der Gesandte nicht mehr offen reden dürfe, der König also nicht en
pleine connaissance entscheiden könne, und dies auf eine Diktatur des
Ministers hinauslaufen würde. Dann verwahrte er sich gegen mehrere
„Irrtümer" Bismarcks und erläuterte seine eigne Anschauung dahin,
daß Bismarck jetzt von der „Demokratie" geschoben werde, das ent=
scheidende Interesse für Preußen die Trennung der Herzogtümer von
Dänemark und ein neuer Herzog für Preußen nicht gefährlich sei.
Der Krieg sei nötig und werde von Napoleon nicht gestört werden,
wenn er in deutsch=nationalem Sinne geführt werde, vielleicht aber,
wenn dies nicht betont würde und Preußen mit Österreich gehe. Den
Vergleich mit dem Londoner Protokoll und den Wiener Verträgen
wollte er nicht gelten lassen.

Wenn Bismarck das letzte und höchste Ziel seiner damaligen
Politik, die Erwerbung Schleswig=Holsteins für Preußen, dem Bot=
schafter nicht bezeichnete, weil er ihm eben nicht völlig traute, so hat
er das doch nach der Erzählung, die den zweiten Abschnitt des Kapitels
eröffnet, in einem Ministerrat unter dem Vorsitze des Königs gethan,
dem auch der Kronprinz beiwohnte. In den entscheidenden Wochen
zwischen dem Tode Friedrichs VII. und dem Ausbruche des Kriegs
haben vom 16. November 1863 bis 29. Januar 1864 nicht weniger

[1] Abgedruckt im Bismarck=Jahrbuch V, 238 ff.

als neunzehn Sitzungen des Ministerrats (Conseil) stattgefunden, davon
aber nur vier unter dem Vorsitze des Königs, drei im Beisein des
Kronprinzen. [1]) Welche hier gemeint sei, läßt sich aus den unbestimmten
Zeitangaben Bismarcks („sofort nach dem Tode Friedrichs VII.," S. 8,
„Dezember 1863," S. 11, „gleich nach dem Tode des Königs von
Dänemark," bei Busch I, 187. II, 483) nicht abnehmen; da aber die
Gegenwart des Kronprinzen feststeht, und dieser zuerst einer Sitzung derart
am 2. und 3. Januar 1864 beiwohnte, so ist jedenfalls eben diese gemeint,
die, weil sich der König angegriffen fühlte, am Sonnabend abgebrochen
und erst am Sonntag zu Ende geführt wurde. [2]) Über den Inhalt, be=
sonders über seine Rede für die Annexion Schleswig-Holsteins, die den
König daran erinnerte, daß alle seine Vorfahren den Staat vergrößert
hätten, hat Bismarck schon am 11. September 1870 in Reims, aus=
führlicher am 20. Oktober 1877 in Varzin einem kleinen Kreise überein=
stimmend mit der Darstellung in den Gedanken und Erinnerungen be=
richtet. [3]) Der König unterbrach ihn mit den Worten, davon wolle er
nichts wissen, solche Äußerungen dürften nicht wiederholt werden. Zu
einem Beschlusse derart ist es also natürlich damals nicht gekommen.
Weiter weiß Geffcken an Bernhardi zu berichten (8. Januar): Bismarck
sei mit seinen Anträgen auf große Aktion, Einrücken in Holstein, Ge=
waltmaßregeln gegen den Herzog vollständig durchgefallen, obwohl alle
Minister mit ihm stimmten, „der Kronprinz soll recht gut gesprochen haben.
Bismarck erreichte es nur, daß der König seinen Vorsatz, vom Lon=
doner Protokoll zurückzutreten, wieder verschob; es wurde in Summa
beschleunigtes Vorgehn auf dem bisherigen Wege beschlossen," [4]) also
praktisch: im Einvernehmen mit Österreich die Aufhebung der November=
verfassung in Kopenhagen binnen 48 Stunden zu fordern, sonst den
Krieg zu beginnen, der Antrag, den der österreichische Ministerrat am
10. Januar annahm, und der, nachdem der Bundestag den Antrag

[1]) Kohl, Bismarck-Regesten I, 211 f. 213 f. 216 f. 218. 221.
[2]) Geffcken bei Bernhardi V, 318; vgl. 285. H. Kohl, Wegweiser 90.
[3]) Busch I, 187. II, 483.
[4]) Bernhardi V, 318. Auch Janssen-Samwer, Schleswig-Holsteins Be=
freiung 193 f. geben davon einen Bericht, der wahrscheinlich auf den Kronprinzen
zurückgeht. Vergl. Henrici, Lebenserinnerungen eines Schleswig = Holsteiners
93 f.

der beiden Großmächte vom 28. Dezember (j. S. 24) abgelehnt hatte, zu deren Bündnis vom 16. Januar und damit zum Kriege führte.[1]

Im Anschluß an den Bericht über diese entscheidende Sitzung entwickelt Bismarck die Grundzüge seiner schleswig-holsteinischen Politik. War das höchste Ziel, die Erwerbung der Herzogtümer für Preußen, nicht zu erreichen, so wollte er wohl die Thronbesteigung des Augustenburgers zugeben, aber unter der Voraussetzung, daß das preußisch-deutsche Interesse durch eine Militär- und Marinekonvention, wie sie später die Februarbedingungen (1865) vorsahen, gesichert werde; war auch das ohne Isolierung Preußens nicht durchzusetzen, dann mindestens die Personalunion auf Grund des Londoner Protokolls. „Ich habe, sagt er zusammenfassend, von Anfang an die Annexion unverrückt im Auge behalten, ohne die andern Abstufungen aus dem Gesichte zu verlieren," denn es war ein Kernsatz seiner ganzen Politik, immer das Höchste sich als Ziel zu stecken, aber sich, wenn es nicht zu erreichen war, mit Geringerm zu begnügen, falls es nur in der Richtung dieses Zieles lag. Absolut vermeiden aber wollte er einen Krieg Preußens für die Einsetzung des Augustenburgers im Bunde mit den deutschen Staaten außer Österreich und mit der populären Strömung, die „ein kindliches Vertrauen" zu dem Beistande Englands hatte. Viel leichter wäre die Hilfe Frankreichs zu haben gewesen, freilich nur um einen bestimmten Preis. „Ich hätte den Minister als Schwindler und Landesverräter betrachtet, der in die falsche Politik von 1848, 1849, 1850 zurückgefallen wäre, die uns ein neues Olmütz bereiten mußte." Nur im Bunde mit Österreich vermied man die Wahrscheinlichkeit einer Koalition. Aber der deutsche Liberalismus übte einen starken Druck auf die deutschen Fürsten aus; sie wollten ihm gegenüber auf der einen Seite ihre Stellung im Sinne fürstlicher Sonderpolitik befestigen, auf der andern neigten sie eben deshalb zu Konzessionen an die Einheits-idee. Deutsch gesinnt waren sie alle, aber über die Gestaltung der deutschen Zukunft dachten sie so verschieden wie die Parteien. Auch König Wilhelm hatte sich während der neuen Ära durch seine Gemahlin und ihre Ratgeber „von der Bethmann-Hollwegschen Streberfraktion" in

---

[1] Sybel IV, 199 ff. Den Ministerrat erwähnt er nicht, ein Beweis mehr dafür, daß ihm auch für diese Zeit keineswegs alle Akten zur Verfügung ge-standen haben. Vergl. Bucher bei Busch III, 53.

eine liberale Richtung hineinziehn lassen, und wenn er auch auf diesem
Wege nicht das für die Einheit Notwendige gethan, diese also nicht
erreicht hätte, so war doch bei ihm ein gewisses „Popularitätsbedürnis"
zurückgeblieben, ohne das er schwerlich für die nachmalige kühne Politik
gegen Dänemark und Österreich gewonnen worden wäre. Aber aus
den liberalen Verbindungen war er 1864 schwer loszumachen; er blieb
dabei: „Ich habe kein Recht auf Holstein." Bismarcks Beweisgründe
machten wenig Eindruck auf ihn, denn die Königin, der Kronprinz
und seine Gemahlin, manche Dynastien wirkten ihnen entgegen; auch
die öffentliche Meinung war in den gebildeten Mittelständen Deutschlands ohne Zweifel augustenburgisch in derselben „Urteilslosigkeit," mit
der sie sich später für die battenbergische Bulgarei begeisterte; die
Macht der Presse war „betrübend erfolgreich, und die öffentliche Dumm-
heit für ihre Wirkung so empfänglich wie immer." Und dieses herbe
Urteil über das, was er doch in spätern Jahren als „Imponderabilien
der Volksseele" so hoch zu schätzen versicherte, krönt er mit den Worten:
„Mein Respekt vor der sogenannten öffentlichen Meinung, das heißt,
vor dem Lärm der Redner und der Zeitungen, war niemals groß gewesen, wurde aber in betreff der auswärtigen Politik in den beiden
oben verglichnen Fällen noch erheblich herabgedrückt."

Diese Angaben werden aus zeitgenössischen Quellen reichlich bestätigt. Zwar der Annexionsgedanke, dem Bismarck schon zu Anfang
des Jahres 1864 so unverhohlen Ausdruck gab, ist selbst von seinen
Zuhörern damals kaum für ernst genommen und daher auch nicht
weiter beachtet worden. Nur Roon, der dem Ministerrate am 2. und
3. Januar natürlich beigewohnt hatte, scheint ihn mit Nachdruck und
Zustimmung erfaßt zu haben, denn er schreibt schon am 17. Januar
an seinen treuen Perthes in Bonn, dessen Standpunkt der entgegen-
gesetzte war, nicht um des Augustenburgers willen und nicht um „den
herausgeschlagnen Dänen dann gnädigst wieder einzusetzen" ginge
Preußen nach Schleswig, und er nimmt Bismarck gegen den Vorwurf,
er sei „unklar, unsicher, schwankend in seinem Willen," mit den bezeichnenden Worten in Schutz, damit thue ihm Perthes „bitter Unrecht."[1] Erst später, zuerst in einem Briefe an Perthes vom 30. April

[1] Denkwürdigkeiten II⁴, 243.

fällt das Wort „Annexion," und in einem andern vom 24. Mai an Moritz von Blanckenburg spricht er offen über die „Annexion und ihre Möglichkeit." [1]) Auch andre, fernerstehende glaubten damals schon an solche Pläne, wie Perthes, Bernhardi, Graf Bernstorff in London, Geffcken,[2]) ohne sie zu billigen, während M. von Blanckenburg, Bismarcks alter Jugendfreund, der Annexion grundsätzlich zustimmte und sich den Augustenburger nur gefallen lassen wollte, „wenn wir preußische Bataillone in Rendsburg und Kiel behalten."[3])

Seine Abneigung, mit der „sogenannten öffentlichen Meinung" und den Mittelstaaten zu gehn, hat Bismarck nach M. Duncker[4]) einmal mit dem drastischen Satze motiviert, „die Hauptsache sei gewesen, die Demokratie und die Mittelstaaten bei dieser Gelegenheit vor den Kopf zu schlagen." Diese Meinung teilte Roon in vollem Maße,[5]) und sie hatte ihre Begründung nicht nur in dem Streben, die preußische Politik von Wegen, die nach Bismarcks Meinung nicht zum Ziele führen konnten, fernzuhalten, sondern auch in der berechtigten Befürchtung, es möge dann der liberale Einfluß auch am preußischen Hofe das Übergewicht gewinnen und damit dem Streben nach einer parlamentarischen Regierung zum Siege verhelfen, also die Krone dem Abgeordnetenhause unterwerfen und damit das lebendige historische Königtum zerstören. Gegen diese Gefahren meinte er sich nur durch ein enges Einvernehmen mit Österreich schützen zu können, in dessen Interesse die Zurückdrängung der liberalen und mittelstaatlichen Politik noch viel mehr lag als in dem Preußens. In Österreich sah er auch keineswegs einen unbedingten Gegner seiner Pläne; er meinte vielmehr sich mit ihm über den engen Anschluß der Herzogtümer an Preußen verständigen zu können, hütete sich daher sorgfältig, in der schleswig-holsteinischen Sache, sobald sie von beiden Mächten gemeinschaftlich in Angriff genommen worden war, irgend einen Schritt ohne die Zustimmung Österreichs zu thun. Eben deshalb stellte er zunächst nur die Personalunion der Herzogtümer mit Dänemark als Ziel auf, weil

---

[1]) Denkwürdigkeiten II[4], 241. 243.
[2]) a. a. D. 239. Bernhardi VI, 84. 85. 101.
[3]) Roons Denkwürdigkeiten II[4], 248.
[4]) bei Bernhardi IV, 108 (15. Mai).
[5]) Denkwürdigkeiten II[4], 179 (17. Februar).

Österreich anfangs nicht weitergehn wollte; deshalb ließ er die Grenze Jütlands, trotz Wrangels beleidigender Depesche, nicht eher überschreiten, als bis sich Österreich am 5. März damit einverstanden erklärt hatte, und bezeichnete als das wichtigste militärische Ziel die Eroberung von Düppel und Alsen,[1] nicht wie Moltke wünschte, die Besetzung der Insel Fünen. Die entschiedensten Gegner seiner Politik, die Mittel= staaten (mit Ausnahme von Hannover und Kurhessen) und die öffent= liche Meinung auch in Preußen betrachtete er, solange er mit Öster= reich im Bündnis stand, als ganz ungefährlich, und in der That blieben die ehrgeizigen Pläne des Münchner Hofs, der diese Gelegenheit be= nutzen wollte, um Bayern im Sinne der Triaspolitik an die Spitze des „reinen Deutschland" zu bringen, um so mehr Hirngespinste, als die zarte Gesundheit des Königs Max unter der Wucht der Enttäuschungen einer verfehlten Politik jäh zusammenbrach und sein unerwarteter Tod am 10. März 1864 die Aktion Bayerns völlig lähmte.[2]

Den Angelpunkt der Situation bildete für Bismarck vielmehr die Opposition in den Kreisen des Berliner Hofes. Über diese sind wir jetzt aus gleichzeitigen Quellen einigermaßen unterrichtet. Zornig schrieb Roon am 7. Februar an Perthes: „Wir verderben an den Ka= balen von Weiberröcken"; und Bismarck klagte Roon am 22. September über „die systematische Einwirkung Ihrer M[ajestät] und der dienst= baren Geister,"[3] auch wurde es sehr bemerkt, daß Brandis, der Sekretär der Königin, die Versammlungen der Fortschrittspartei besuchte.[4] Vor allem die Anschauungen des Kronprinzenpaares waren ebensowohl in der Auffassung der Gesamtpolitik wie der schleswig=holsteinischen Frage den Bestrebungen Bismarcks schnurstracks entgegengesetzt. Die Kron= prinzessin hielt nach ihren englischen Begriffen ein parlamentarisches Parteiregiment auch in Preußen für erstrebenswert, und der Kronprinz

---

[1] Sybel III, 264 ff. Gedanken und Erinnerungen II, 343. Bismarck an Roon 15. Februar und 5. März 1864. Denkwürdigkeiten II⁴, 205 f. 210. Über den Konflikt mit Wrangel Gedanken und Erinnerungen I, 343 A. und Roon II⁴, 207.

[2] Bernhardi V, 238 ff. 241 (vom 21. Dezember, nach Berichten aus München), vgl. VI, 52; Sybel III, 191.

[3] Denkwürdigkeiten II⁴, 138. 285.

[4] Bernhardi VI, 182.

ließ sich, statt, wie ihm sein Berater Max Duncker dringend empfahl, dem Ministerrat regelmäßig beizuwohnen und dort seine Ansichten zur Geltung zu bringen, von England und Gotha her in der Richtung beeinflussen, daß er glaubte, eine Revolution stehe bevor, und er müsse sich von der thätigen Teilnahme an der Politik fernhalten, um dann, wenn die Revolution zum Siege, also die Fortschrittspartei zur Herr= schaft gelange, an die Spitze treten zu können und den Thron zu retten, worüber Sammer, der „Minister" Friedrichs von Augustenburg, im Winter 1863 sogar eine Denkschrift einreichte.[1]) Die schleswig= holsteinische Sache beurteilte die Kronprinzessin nicht nach dem Staats= interesse, sondern lediglich nach ihrem weiblichen Gefühl, sie nahm daher fast leidenschaftlich Partei für den Augustenburger, „Fritz Holstein," wie sie ihn nannte.[2]) Der Kronprinz, der mit diesem befreundet war und seit 1863 mit Bismarck persönlich sehr schlecht stand, bekämpfte den „Hintergedanken einer preußischen Vergrößerungspolitik" aufs ent= schiedenste, weil er die ganze deutsche Politik Preußens „völlig ver= fälschen und ihr gegenüber Europa wahrscheinlich eine Niederlage be= reiten würde."[3]) Ein Versuch, den M. Duncker nach einer eingehenden Unterredung mit Bismarck (19. Mai) machen sollte, um den Thron= folger umzustimmen, verlief sicher ergebnislos,[4]) ja von verschiednen Seiten arbeitete man an Dunckers Sturze.[5])

Dies alles wirkte nun beständig auf den König ein. Fast ver= zweifelt schrieb Bismarck am 21. Januar 1864 an Roon: „Ich habe das Vorgefühl, daß die Partie der Krone gegen die Revolution ver= loren ist, weil das Herz des Königs im andern Lager und sein Ver= trauen mehr seinen Gegnern als seinen Dienern zugewandt ist. Ich werde nicht viel sagen [im Abgeordnetenhause] . . . nachdem so gut wie klar ist, daß Se. Majestät doch auf die Gefahr hin, mit Europa zu brechen und ein schlimmeres Olmütz zu erleben, sich schließlich der Demokratie und den Würzburgern fügen will, um den Augustenburger

---

[1]) Bernhardi VI, 103 ff.
[2]) Bernhardi V, 247. 251. 282. VI, 155 f. 163.
[3]) so in einem Briefe aus Flensburg vom 17. April 1864, vgl. Busch III, 265 A.
[4]) Poschinger, Bismarck und die Parlamentarier II, 90⁸.
[5]) Bernhardi VI, 106.

einzuſetzen und einen neuen Mittelſtaat zu ſchaffen. ... Ohne Gottes Wunder iſt das Spiel verloren." Kaum anders, wenn auch nicht ſo hoffnungslos, faßte Roon die damalige Lage auf, wenn er am 30. Januar an Bismarck ſchrieb:[1] „Der arme Herr iſt in einer bellagenswerten Agitation, die ihn zum Bruche mit Ihnen, mit uns führen könnte und damit zur Selbſtvernichtung ſeines Regiments überhaupt." Weniger trübe ſah E. von Manteuffel, der Generaladjutant des Königs, die Lage an: „die Differenz zwiſchen König und Miniſterium, ſo tröſtete er am 29. Januar Roon, beſteht nur in einem Wie und nicht in einem Was, und ich glaube, daß man noch ein der Königlichen Auffaſſung entſprechendes Wie finden kann."[2] Die „Differenz" lag darin, daß der König ſich vom Londoner Protokoll eher losſagen wollte, als es Bismarck mit Rückſicht auf Öſterreich und die übrigen Großmächte für ratſam hielt, und daß er damals noch jeden Gedanken an Annexion ablehnte, denn er habe kein Recht auf Holſtein.[3]

Nach den glänzenden kriegeriſchen Erfolgen in Schleswig wagte ſich der Annexionsgedanke mehr und mehr heraus und gewann raſch Boden. Zum erſtenmale in einem amtlichen Aktenſtücke ſtellte Bismarck die Annexion als eine Möglichkeit, nicht als eine Forderung Preußens auf, als er am 21. Mai an Werther in Wien eine Depeſche über die Forderungen richtete, die beide Großmächte in der Londoner Konferenz erheben könnten, nachdem Dänemark die Perſonalunion abgelehnt hatte. Die Einſetzung des Auguſtenburgers wieſen damals (28. Mai) die fremden Großmächte einmütig ab.[4] In dieſer Situation wagte es Roon am 29. Mai in einem Briefe an Bismarck die Stimmung der ſiegreichen Armee mit voller Wucht in die Wagſchale zu werfen, indem er ſchrieb: „Die Armee würde es als eine tiefe Kränkung empfinden, wenn ... ein fauler Friede zu ſtande käme. Volle Genüge würde nur

---

[1] Roon II⁴, 173 f. 193. In der Sitzung vom 21. Januar kam die für den däniſchen Krieg geforderte Anleihe zur Verhandlung. Die Reden Bismarcks an dieſem und am folgenden Tage bei H. Kohl, Reden des Fürſten Bismarck II, 252 ff. 265 ff.

[2] Roon II⁴, 192.

[3] Bernhardi V, 270. 284. 343. 354 (vom 30. Dezember 1863 bis 24. Januar 1864).

[4] Sybel III, 321 ff.

die Einverleibung der Herzogtümer gewähren. Aber man ... er=
wartet ... nicht das Höchste, sondern nur Angemessenes und Preußen
Würdigeres."[1] Nachdem der Waffenstillstand abgelaufen und Alsen
am 29. Juni durch eine glänzende Waffenthat erobert war, erhoben
Roon, M. Duncker u. a. die bestimmte Forderung, die Herzogtümer
müßten an die beiden Großmächte in Gemeinschaft abgetreten werden,
und diese Forderung, die von dem ausschließlichen Besitzrecht Christians IX.
ausging, also ein Erbrecht des Augustenburgers ablehnte, erfüllte der
Wiener Präliminarfriede vom 1. August 1864.[2]

Inzwischen bereitete sich, seitdem Bismarck die Möglichkeit der
Annexion in Wien zur Sprache hatte bringen lassen, eine entscheidende
Wendung in der österreichischen Politik vor, die den Krieg von 1866
eingeleitet hat. Denn dort kam jetzt allmählich im Gegensatze zu Rech=
berg die von den Großdeutschen der Schmerlingschen Richtung geleitete
Politik wieder zur Geltung, die Österreichs Herrschaft über Deutschland
wollte und jede Erweiterung der preußischen Macht grundsätzlich be=
kämpfte. Zur Sprache kam die ganze Frage in einer Konferenz der
beiden Herrscher und ihrer auswärtigen Minister Bismarck und Rechberg
im Schlosse von Schönbrunn am 22. August 1864.[3] Bismarck ver=
suchte dort deutlich zu machen, daß ein festes Bündnis Preußens und
Österreichs für dieses mit der Überlassung Schleswig=Holsteins an
Preußen nicht zu teuer erkauft sei. Die Herzogtümer lägen ganz
außerhalb der österreichischen Interessensphäre, ganz innerhalb der
preußischen. Eine territoriale Entschädigung könne Preußen allerdings
unmittelbar nicht gewähren, nicht einmal Glatz, wo die Einwohner
schon gegen eine solche Abtretung protestierten; aber es könnte bei
einer Fortsetzung der gemeinschaftlichen Politik künftig einmal italienisches
Gebiet zur Verfügung stehn. Er dachte dabei auch an eine preußische
Bürgschaft für Venezien, die, wenn es zu einem neuen Kriege mit

---

[1] Denkwürdigkeiten II⁴, 246.

[2] a. a. O. 254 (15. Juli). 257 (16. Juli). Bernhardi VI, 129. Sybel
III, 372.

[3] Über diese berichtet Bismarck in den Gedanken und Erinnerungen I,
344 ff.; in allem wesentlichen übereinstimmend, in Einzelheiten abweichend lautet
die Erzählung, die er am 13. Juni 1890 dem Österreicher H. Friedjung gab,
s. dessen Werk: Kampf um die Vorherrschaft in Deutschland II, 519 f., vgl. I, 93 f.

Frankreich und Italien kam, zu einer solchen Wendung führen konnte. Diese Ausführungen blieben nicht ohne Eindruck auf den Kaiser Franz Joseph; er stellte geradezu die Frage, ob Preußen die Erwerbung der Herzogtümer wünsche, oder ob es sich mit gewissen Rechten dort zufrieden geben wolle. Der Minister verwies den Kaiser für die Beantwortung dieser Frage an den König, der schweigend zugehört hatte; Wilhelm I. aber sagte „zögernd und in einer gewissen Verlegenheit," „er habe ja gar kein Recht auf die Herzogtümer und könne deshalb keinen Anspruch darauf machen." Damit war Bismarck „außer Gefecht gesetzt" und mußte die Sache vorläufig fallen lassen. Es gelang ihm nur mit Graf Rechberg eine Art von Vereinbarung über ein gemeinsames Zusammenstehn gegen Frankreich festzusetzen, die von beiden Herrschern genehmigt wurde, aber die Zukunft Schleswig-Holsteins unentschieden ließ. Bismarck bezeichnet diese Verhandlungen als den „Kulminations- und Wendepunkt" für den Versuch zum Dualismus. Seitdem begannen sich die Wege der beiden Mächte zu trennen.[1]

Man sieht: die Sache Friedrichs von Augustenburg stand an sich auch in Preußen keineswegs ungünstig. Der König selbst lehnte noch im August 1864 die Erwerbung der Herzogtümer ab, die Königin, das Kronprinzenpaar, die parlamentarische Opposition waren eifrig für ihn, der Kronprinz stand sogar in eifriger Korrespondenz mit ihm.[2] Aber allerdings: seine Bedingungen stellte auch dieser für die Einsetzung des Herzogs, und er faßte sie schon am 26. Februar 1864 zusammen: Rendsburg Bundesfestung, Kiel preußischer Kriegshafen, Militär- und Marinekonvention mit Preußen, Bau des Nordostseekanals unter preußischer Leitung, Eintritt in den Zollverein. Mit seinen Annexionsabsichten stand Bismarck ziemlich isoliert, und er würde sich auch mit Geringerm zufrieden gegeben haben. Wie kam es also, daß Friedrich (VIII.) schließlich seine Partie so völlig verlor?

Darüber giebt nun Bismarck im vierten Abschnitt des Kapitels nur sehr wenig, und dies wenige steht nur in ganz losem Zusammenhange mit dem Thema. Nur die Welfen, so beginnt er, setzen noch den Federkrieg gegen das neue Deutschland fort, und doch mußten sie

---

[1] Zu dem letzten Punkte s. die Angaben Rechbergs bei Friedjung II, 259; vgl. I, 94.

[2] Bernhardi VI, 108. 113.

sich sagen, daß die Territorialgestaltung Preußens seit 1815 nur dann haltbar war, wenn (1866) Hannover und Kurhessen zu Preußen hielten, wie im Siebenjährigen Kriege. Daher hat sich Bismarck vor dem Ausbruche des Krieges 1866 alle mögliche Mühe gegeben, beide Staaten zur Neutralität zu bestimmen, aber dies blieb vergeblich. „Auch der Erbprinz von Augustenburg, fährt er dann fort, hatte durch Ablehnung der sogenannten Februarbedingungen den günstigsten Moment versäumt." Daran schließt er eine Polemik gegen die „welfische" Darstellung des Generalmajors Dammers (Erinnerungen und Erlebnisse, Hannover, 1890). Danach soll sich der Erbprinz, wie Dammers von ihm selbst gehört haben will, in einer Audienz beim König Wilhelm zu den geforderten Zugeständnissen verpflichtet, und der König ihm die formelle Erledigung seiner Anerkennung als Herzog durch Bismarck zugesagt haben; dieser sei am nächsten Tage zu ihm gekommen, habe ihm erklärt, er müsse sofort nach Biarritz reisen, könne daher die Sache nicht selbst abschließen, doch möge der Herzog dafür einen Bevollmächtigten zurücklassen. Zu seinem Erstaunen habe dieser tags darauf in den Zeitungen gelesen, daß er die preußischen Vorschläge abgelehnt habe. Dagegen wendet Bismarck ein, indem er sich im allgemeinen auf die aktenmäßige Darstellung dieser Verhandlungen bei Sybel (III, 337 ff.) beruft: Der König war niemals mit dem Erbprinzen einig, und Bismarck war niemals bei diesem in der Wohnung; „ich bin 1864 am 1. Oktober nach Baden, von dort am 5. nach Biarritz, 1865 am 30. September direkt dorthin gereist und 1863 gar nicht in Biarritz gewesen." Mit dem Erbprinzen hat er zwei Unterredungen gehabt, am 18. November 1863, auf die sich ein Brief Friedrichs vom 11. Dezember bezieht, und am 1. Juni 1864 abends von neun bis zwölf Uhr („in meiner Wohnung"), „um festzustellen, ob ich dem König zur Vertretung seiner Kandidatur raten könne." Aber die Erwartung des Kronprinzen, der Prätendent werde auf dessen am 26. Februar aufgestellte Bedingungen bereitwillig eingehn, erfüllte sich nicht; namentlich widersprach er lebhaft den Landabtretungen zur Anlage von Befestigungen; „sie könnten sich ja auf eine Quadratmeile belaufen." Bismarck betrachtete danach die Forderung als abgelehnt, eine weitere Verhandlung als aussichtslos, obwohl der Prinz in seinem Abschiedsworte „Wir sehen uns wohl noch" mehr seiner Unentschiedenheit Ausdruck gab. Die preußischen Forderungen vom 22. Februar 1865 „deckten sich mit ben vom Kronprinzen empfohlnen." Zwischen beiden Besprechungen liegt eine Verhandlung Samwers mit dem König, auf die sich zwei mitgeteilte Briefe des Monarchen an Bismarck vom 16. und 18. Januar 1864 beziehen. Beginnen wir mit dem zweiten Punkte. Der Fürst will zunächst die Behauptung widerlegen, er habe ben Prätendenten dadurch ge= täuscht, daß er sich durch eine Reise nach Biarritz dem vom Könige befohlnen Abschlusse entzogen und ihn eigenmächtig vereitelt habe. Diese Beweisführung stützt sich auf unwiderlegliche Daten, die offenbar Kohls Bismarckregesten (I, 240. 264) entlehnt ober doch an ihnen nachgeprüft sind, ist also burchaus zutreffend, denn wenn Bismarck 1863 gar nicht, 1864 erst zu Anfang Oktober nach Biarritz reiste, so hat er weder am 18. November 1863 noch am 1. Juni 1864 dem Erbprinzen das sagen können. Über die erste Unterredung am 18. No= vember 1863, also vor der Abreise Friedrichs nach Kiel (Dezember), über die Bismarck selbst direkt gar nichts berichtet, erzählt Sybel (III, 161) nur, der Minister habe sich geweigert, ihm den erbetnen Rat zu geben, da Preußen an das Londoner Protokoll gebunden sei. Wie die Dinge lagen, hat der Erbprinz darin eine Abweisung gesehen. In diesem Sinne äußerte er sich gegen einen Abgeordneten, wenn er auch die ihm in der Kreuzzeitung vom 3. Dezember zugeschriebne Äußerung, Herr von Bismarck sei sein Freund nicht, in einem an diesen aus Gotha am 11. Dezember gerichteten Schreiben wohl mit Grund in Abrede stellt. Nach demselben Briefe hat ihm Bismarck aber damals gesagt, er sei zwar persönlich von seinem Rechte über= zeugt und billige es, wenn er es zur Geltung zu bringen versuche, aber aus Rücksicht auf die von Preußen übernommnen Verbindlich= keiten und die allgemeine Weltlage könne er ihm keine Versprechungen machen. Auch daß der König selbst ihn an den Bund verwies, mußte ihn zu der Ansicht bringen, daß Preußen zunächst nichts für ihn thun könne noch wolle.[1] Die folgenden Schritte des Herzogs gegenüber

---

[1] Über diese Konferenzen s. Janssen=Samwer, Schleswig=Holsteins Be= freiung (1897) 686. Bernhardi V, 144. 149. 157. Der Brief des Erbprinzen vom 11. Dezember auch im Bismarck=Jahrbuch V, 256, erwähnt von Bernhardi 24. Dezember nach einer Mitteilung des Prinzen V, 254.

Preußen übergeht Bismarck. Am 11. Dezember bat dieser nämlich den König um militärische Unterstützung, am 17. schrieb er ihm, daß er auf ein Wort König Wilhelms getrost seine Hoffnungen und Er= wartungen gründen werde.[1] Nachdem er gegen den Willen Preußens nach Kiel gegangen und das einseitige Vorgehn der beiden Großmächte so gut wie sicher war, fragte Samwer am 11. Januar 1864 in Berlin an, ob er einen vertrauten Agenten dorthin schicken dürfe. Indem der Herzog sich dazu entschloß, beteuerte er dem König am 14. Januar nochmals, daß Schleswig=Holstein von ihm das Heil erwarte, und sandte dann Samwer selbst mit diesem Schreiben ab.[2] Hier setzen die Gedanken und Erinnerungen wieder ein, indem sie zwei Briefe des Königs an Bismarck vom 16. und 18. Januar mitteilen. Danach bat der Kron= prinz den Monarchen am Abend des 16. Januar, er möge auf seiner Soiree (am nächsten Tage) Samwer unbemerkt empfangen und einen Brief des Erbprinzen entgegennehmen, den er dann dem Vater auf dessen Forderung übersandte. Der König schickte noch am Abend diesen Brief an Bismarck mit der Weisung, eine Antwort aufzusetzen, die er mitgeben könne. Diesen sprach er dann wirklich am Abend des 17. im Beisein des Kronprinzen, ganz im Sinne der projektierten Antwort (er könne ihm keine andre Hoffnung geben, „als die in der Punktation [mit Österreich vom 16. Januar] angedeutet sind, daß man nach dem Siege sehen würde, welche neuen Basen für die Zukunft aufzustellen wären," und den Rat, die Entscheidung über die Succession abzuwarten), „aber noch etwas kühler und sehr ernst." Namentlich dürfe der Prinz nicht in Schleswig einfallen. Samwer war von diesem Empfange ziemlich befriedigt und erörterte an demselben Tage mit dem Freiherrn Ernst von Stockmar, dem Vertrauten des Kronprinzenpaares, die nach der Befreiung der Herzogtümer an Preußen zu machenden Konzessionen.

Den interessanten Ursprung dieser Konzessionen, d. h. der soge= nannten Februarbedingungen, übergehn die Gedanken und Erinnerungen mit Stillschweigen. Ihnen zu Grunde liegt ein Schreiben des Herzogs Friedrich an den Kronprinzen vom 19. Februar 1864, der dann diese Vorschläge verwertete, um unter dem 26. Februar die preußischen Be=

---

[1] Janssen=Samwer 688. 692.
[2] Janssen=Samwer 202. 696.

bingungen zu formulieren (s. oben S. 36).[1]) Möglich, daß den Grund=
gedanken dazu H. von Warnstedt, damals Polizeipräsident in Stettin,
ein geborner Holsteiner, gegeben hat, der Henrici am 25. Januar
brieflich aufs bringendste dazu aufforderte, den Erbprinz zum engsten
Anschluß an Preußen zu bewegen.[2]) Jedenfalls verhandelte Warnstedt
am 3. März mit Bismarck, doch ging dieser auf Einzelheiten nicht
ein, natürlich schon deshalb nicht, weil er damals die größte Mühe
hatte, Österreich auch nur zur Überschreitung der jütischen Grenze zu
bestimmen, also es nicht vor den Kopf stoßen durfte, indem er sich
von der Grundlage des Bündnisses, dem Londoner Protokoll, durch
ein Abkommen mit dem Augustenburger lossagte. Aber am 16. April
stellte König Wilhelm selbst in einem Schreiben an den Kronprinzen
fünf Forderungen als die seinen auf, allerdings mit dem Zusatze, daß
er dem Herzog keine Zusicherungen machen könne [aus Rücksicht auf
Österreich], und am 24. April, kaum eine Woche nach dem Düppel=
sturme und unmittelbar vor der Eröffnung der Londoner Konferenzen
(25. April), als der Eindruck allgemein war, eine weitere Verbindung
der Herzogtümer mit Dänemark sei unmöglich geworden, sandte der
Kronprinz dies Schreiben mit einem Begleitbriefe von Flensburg aus
an den Herzog. Bismarck soll damals, als er mit dem König von
Düppel (Flensburg) am 14. April zurückfuhr, zu einem ihm befreundeten
schleswig = holsteinischen Edelmanne in Rendsburg gesagt haben: „Nun
bekommen Sie Ihren Herzog." Darauf bot Friedrich (VIII.) unter
dem 29. April die Annahme aller preußischen Forderungen einschließlich
der Marinekonvention an.[3])

Als nun schon gegen Ende Mai die Aussichtslosigkeit der Londoner
Konferenzen so ziemlich feststand, die Dänen selbst die Personalunion
verworfen und andrerseits die fremden Mächte den preußisch=öster=
reichischen Vorschlag, den Augustenburger einzusetzen, am 28. Mai ein=
mütig abgelehnt hatten,[4]) rüstete sich dieser, in Berlin persönlich ab=
zuschließen. Er war seiner Sache so sicher, daß er kurz vor seiner

---

[1]) Janssen=Sammer 706.

[2]) Henrici 95. Janssen = Sammer 323. Der Brief Warnstedts nach dem
Original in der Kieler Zeitung vom 26. Januar 1897, Abendblatt.

[3]) Janssen=Sammer 714. 716. 717. Henrici 105.

[4]) Sybel III, 327 ff.

Abreiſe an die Bildung ſeines Miniſteriums ging und auch Henrici zum Eintritt aufforderte. [1] Am 1. Juni abends zwiſchen neun und zwölf Uhr hatte er die entſcheidende Unterredung mit Bismarck. Für ihren Inhalt verweiſen die Gedanken und Erinnerungen im weſent= lichen auf Sybel (III, 337 f.), der wohl dem vom Miniſterpräſidenten dem König erſtatteten Bericht gefolgt iſt; die beſonders verhängnisvolle Äußerung des Prätendenten, die Herzogtümer hätten Preußen nicht ge= rufen, der Deutſche Bund würde ihre Befreiung leichter bewirkt und ihn ohne läſtige Bedingungen eingeſetzt haben, erfuhr Bernhardi ſchon am 6. Juni von Max Duncker. Die Hauptſache aber war doch, daß der Prinz zu keinem beſtimmten Abſchluß im Sinne der preußiſchen Forderungen zu beſtimmen war, und daß er ſich auf Ge= bietsabtretungen und Beſchränkungen ſeiner Souveränität ohne ſeinen Landtag nicht einlaſſen wollte. Für Bismarck war damit ſeine Kandi= datur ein= für allemal erledigt; er inſtruierte ſofort die preußiſchen Geſandten, ſie nicht weiter zu befürworten, und wies ſpätere Verſuche, wieder mit ihm anzuknüpfen, rundweg ab. [2] Der Erbprinz ſelbſt hatte ihm die Bahn frei gemacht. Mit dieſer Erörterung erledigt ſich auch der erſte Punkt, der König ſei niemals mit dem Erbprinzen einig geweſen. In der That hat er ihm nach den von Auguſtenburgiſcher Seite ſelbſt mitgeteilten Urkunden niemals, trotz eines gewiſſen perſön= lichen Wohlwollens, eine bindende Zuſicherung erteilt.

Offenbar beſteht nun zwiſchen der ablehnenden Haltung des Erb= prinzen am 1. Juni 1864 und ſeinem frühern, urkundlich nachweis= baren Entgegenkommen ein ſcharfer Widerſpruch. Aber man darf nie vergeſſen, daß die Erkenntnis, er müſſe ſich mit Preußen verſtändigen, bei ihm fortwährend mit andern entgegengeſetzten Strömungen kämpfte. Zunächſt hatte er ſelbſt ein ſtarkes Bewußtſein von ſeinem Erbrecht und ſeiner fürſtlichen Souveränität; ſodann war er nun einmal von den Mittelſtaaten und der populären Strömung innerhalb und außer= halb der Herzogtümer emporgehoben worden und fühlte ſich beiden verpflichtet. Beſonders ſein Aufenthalt in München im Dezember 1863

---

[1] Henrici 99.

[2] Bernhardi VI, 121 f., vgl. 163. Sybel III, 338 f. Den Bericht über die Unterredung vom 1. Juni 1864 ließ Bismarck im Juli 1865 im Staats= anzeiger veröffentlichen, vgl. Bernhardi VI, 212.

hatte ihn in dieser Richtung beeinflußt. Andrerseits hat er die Be=
deutung Bismarcks, wie damals alle Welt, natürlich unterschätzt und
auch wohl auf einen Wechsel des Regierungssystems in Preußen ge=
hofft. Der Behauptung der Augustenburgischen Litteratur, er sei mit
seiner Umgebung durchaus und immer für den Anschluß an Preußen
gewesen, stehn zahlreiche unverdächtige Zeugnisse, namentlich die Auf=
zeichnungen des ihm sehr wohlgesinnten Th. von Bernhardi, der ihn
während des Winters 1863/64 in London vertrat, und des in seinen
Diensten stehenden Moritz Busch gegenüber, die das genaue Gegenteil
versichern.

Dem wichtigsten Ratgeber des Augustenburgers, Samwer, spricht
Bernhardi alles und jedes Verständnis für große Politik, oder was
dasselbe ist, für Machtfragen ab, und Moritz Busch, der ihn genau
kannte, urteilt, bei aller Achtung vor seinen Fähigkeiten und seiner
ehrlichen Überzeugung, nicht günstiger über ihn.[1]) So wurde der
Erbprinz fortwährend von den widersprechendsten Einflüssen und Em=
pfindungen bestürmt. Und ein solcher bestimmt nachweisbarer Einfluß
hat den im Grunde unselbständigen Herrn im entscheidenden Augen=
blicke nach der falschen Richtung gedrängt. Als er von Kiel nach
Berlin fuhr, begleitete ihn von Elmshorn bis Altona sein Wiener Agent,
der eifrig großdeutsch gesinnte Herr von Wydenbrugk, und teilte ihm
im Auftrage Rechbergs mit, Österreich werde ihn nur anerkennen, wenn
er Preußen keine Konzessionen mache.[2]) In solcher Gemütsverfassung,
die Ungnade Österreichs und der Mittelstaaten vor Augen und im
Grunde seines Herzens voll souveränem Stolze, kam er zu Bismarck
und vermochte es, vermutlich ohne rechte Einsicht in die Tragweite
seiner Worte, nicht über sich zu gewinnen, in das einzuwilligen, was
er als eine schmerzliche und vielleicht noch zu vermeidende Verzicht=
leistung empfand. Ein Staatsmann hätte anders gehandelt, aber das
war er eben nicht.

Diesen Thatsachen gegenüber zerfallen alle frühern und spätern
Anschuldigungen der Augustenburgischen Presse gegen Bismarck, als

---

[1]) Bernhardi z. B. VI, S. 39 f. 111. 113. 158. Busch, Tagebuchblätter
III, 433 ff.
[2]) Herzog Ernst II., Aus meinem Leben III, 446 ff., vgl. Henrici 101 f.
Eine Vermutung derart spricht schon Sybel III, 337 aus.

habe er den Herzog hingehalten und getäuscht, in nichts. Einmal war
Bismarck, der selbst an dem Vertrage zwischen der Krone Dänemark
und dem Herzog Christian hervorragend beteiligt gewesen, stets der
Ansicht, daß dieser damit auf sein Erbrecht an den Herzogtümern verzichtet habe. Sodann hatte er als preußischer Minister nur die
preußischen Interessen zu vertreten, so wie er sie verstand, und alles
zu überwinden, was ihnen im Wege war, also auch die Augustenburgischen Ansprüche. Daß er seine Karten nicht von Anfang an auf-
deckte, und daß er seine Maßregeln nach dem jeweiligen Stande der
deutschen und europäischen Politik bemaß, war selbstverständlich, selbstverständlich also auch, daß er dem Erbprinzen zeitweilig entgegenkam,
solange er glaubte, es lasse sich mit ihm ein Übereinkommen treffen,
daß er ihn aber fallen ließ, sobald er erkannte, das sei unmöglich.
Nicht die Ehrlichkeit ist in diesem Kampfe der Hinterlist unterlegen,
nicht das Recht dem Unrecht, sondern die politische Unfähigkeit dem
staatsmännischen Genie, ein zweifelhafter fürstlicher Erbanspruch dem
nationalen Interesse.

Hier schließt sich zeitlich der Abschnitt an, der im Kapitel an der
dritten Stelle steht, die Besprechung der Gasteiner Konvention vom
14. August 1865. Auch hier greift der Verfasser nur ein paar wichtige Punkte heraus uud verzichtet auf den Zusammenhang unter diesen
wie mit dem sonst Erzählten. Im Eingange bezeichnet er den Vertrag als „das letzte annehmbare Auskunftsmittel"; dann giebt er einen
Brief, den er am 1. August 1865 in Gastein an König Wilhelm
richtete:[1] Die vorgesehene Teilung der Verwaltung der Herzogtümer
werde großen Lärm machen, weil man darin den Anfang einer defini-
tiven Teilung sehen werde; deshalb müsse die Sache gegenüber den
augustenburgfreundlichen Höfen (von London, Weimar, Baden) und vor
dem Kronprinzen zunächst geheim gehalten werden, um den Kaiser Franz
Joseph nicht zu verstimmen, da er [Bismarck] dem Grafen Blome [dem
österreichischen Unterhändler] die Wahrung des Geheimnisses versprochen
habe. Sonst drohe ein Krieg mit Österreich; in den aber müsse der
König mit freierm Mute hineingehn, als jetzt möglich sei. Daher

---

[1] Abgedruckt auch im Bismarck-Jahrbuch VI, 202 f. Die Rolle, die dabei
der Feldjäger spielte, ist nicht recht klar.

möge lieber der Feldjäger aus Salzburg abberufen werden. Werther [in Wien] sei telegraphisch über die Verhandlungen mit Blome unterrichtet worden, der Wortlaut folge bei. Der König bemerkte zu der Stelle: „Einverstanden." Der Königin habe er Mitteilung gemacht, um die künftige Besitzergreifung anzubahnen. An eine Eigentums= teilung glaube er nicht, weil sich Österreich zu sehr für Augustenburg engagiert habe. Zur Erklärung der Situation, in der dieser Brief geschrieben wurde, dient ein Abschnitt aus dem 17. Kapitel (I, 346 ff.). Die Hoffnung, mit Österreich zu einer einigermaßen dauernden Ver= ständigung zu gelangen, beruhte auf dem „Vertrauen zu den beider= seits leitenden Personen," also damals [1864] auf der Erhaltung des Ministeriums Rechberg. Diese aber war davon abhängig, daß Rech= berg in den damaligen Verhandlungen über die Erneuerung des Zoll= vereins und über das Verhältnis Österreichs zu ihm nach dem Wunsche des Kaisers die Zusicherung (Preußens) durchsetzte, „daß wir auf (neue) Verhandlungen in bestimmter Frist eingehn wollten." Bismarck hielt, so sehr ihm eine Zolleinigung mit Österreich als „eine unausführbare Utopie" erschien, ein solches Versprechen einerseits für bedenklich, andrer= seits für notwendig, um Rechberg im Amte zu erhalten; aber während seiner Abwesenheit in Biarritz gelang es dem Finanzminister von Bodelschwingh, dem Handelsminister Grafen Itzenplitz und ihrem „frei= händlerischen spiritus rector Delbrück," den König umzustimmen; die gewünschte Erklärung (§ 25) wurde verweigert, und Rechberg trat am 27. Oktober 1864 zurück.[1] In dem neuen Ministerium gab Schmer= ling den Ton an, „ein sehr arger und sehr gefährlicher Feind Preußens," wie ihn Bernhardi nennt,[2] der in die alten Bahnen der österreichischen Politik: Niederhaltung Preußens mit Hilfe der Mittelstaaten zurück= lenkte und von dem friedlichen Dualismus nichts mehr wissen wollte. Dadurch spitzte sich die Situation, auch in Schleswig=Holstein, immer mehr zu;[3] die von Preußen im Februar 1865 formell gestellten Be= dingungen für seine Einwilligung in die Konstituierung der Herzogtümer als eines selbständigen Bundesstaats wurden in Wien rundweg ab=

---

[1] Darüber ausführlicher Sybel III, 387 ff. Friedjung I, 95 ff.

[2] VI, 137.

[3] Zu dem Folgenden Sybel IV, 24 ff.

gelehnt, sobaß Bismarck am 8. März erklärte: „Die Unterhandlungen mit Österreich sind zu Ende," und die Augustenburgische Agitation in den Herzogtümern und am Bundestage fand die lebhafteste Unter= stützung Österreichs. Andrerseits wandte sich die Stimmung König Wilhelms, besonders seitdem das Gutachten der Kronjuristen von dem Grundsatze aus, daß das Staats= und Völkerrecht über dem Privat= fürstenrecht stehe, also die schleswig=holsteinische Erbfolgefrage durch das Londoner Protokoll von 1852 und das dänische Gesetz von 1853 ent= schieden worden sei, seine frühern Rechtsbedenken beseitigt hatte, mit wachsender Entschiedenheit dem Annexionsgedanken zu, der in Preußen immer mehr Boden gewann, und der Ministerrat, den er auf seiner Reise nach Gastein am 21. Juli 1865 in Regensburg abhielt, sprach sich für den Krieg aus, falls Österreich nicht nachgebe. Da nun Öster= reich damals zu einem solchen schlechterdings nicht imstande war, so machte Graf Blome, der österreichische Gesandte in München, ein ge= borner Holsteiner, in Wien den Vorschlag, die Verwaltung der Herzog= tümer zwischen Preußen und Österreich zu teilen, und ging mit diesem Auftrage am 26. Juli zu König Wilhelm nach Gastein. In dieser Situation schrieb Bismarck den Brief vom 1. August.

Über die Verhandlungen und ihr Ergebnis, den Vertrag vom 14./20. August, geben die Gedanken und Erinnerungen nichts. Ein amüsantes Geschichtchen, wie es ihm gelungen sei, Blome zu dem Glauben zu bringen, er sei ein verwegner tollkühner Spieler, also kein gefährlicher Gegner, hat Bismarck gelegentlich mit Behagen er= zählt,[1]) ohne daß zu sagen wäre, ob dies Kunststückchen nötig war. Eine besondre Bedeutung des Vertrags findet Bismarck darin, daß seit der damit verbundnen Erwerbung Lauenburgs und der militärischen Stellung in Schleswig und Kiel der König Geschmack an Eroberungen gefunden habe. Aber gerade solchen habe die parlamentarische Oppo= sition aus Haß gegen Bismarck widerstrebt, daher auch trotz der Be= geisterung, die sich 1848 für eine deutsche Flotte geregt habe, den Flottengründungsplan verworfen, für den der Minister am 1. Juni 1865 in einer großen, hier nicht nur zitierten, sondern auch teilweise wieder abgedruckten Rede eintrat.[2]) Er übersieht dabei natürlich, daß

---

[1]) Poschinger, Tischgespräche II, 22.
[2]) Politische Reden II, 355 ff.

biese Verwerfung nur eine Episode des erbitterten Kampfes war, den das Abgeordnetenhaus um die Rechte der preußischen Volksvertretung führen zu müssen glaubte, und keineswegs nur ein Ausfluß persönlichen Hasses. Diese Erinnerung giebt ihm aber Veranlassung zu einer nur allzusehr berechtigten Betrachtung, wie in der ganzen deutschen Geschichte der Parteigeist in den verschiedensten Formen die nationalen Interessen überwuchert habe, und wie dabei in der Gegenwart persönliches Strebertum, namentlich der Parteiführer, eine weit größere Rolle spiele als die prinzipiellen Gegensätze. Den Schluß des Abschnitts bildet das Handschreiben König Wilhelms vom 15. September 1865, mit dem der Monarch seinen Minister in den Grafenstand erhob (vgl. Bismarck=Jahrbuch VI, 203 f.).

2. Die Emser Depesche

Der Inhalt der ersten Hälfte dieses Kapitels läßt sich etwa in folgende Sätze zusammenfassen. Die Thronkandidatur des Prinzen Leopold war eine spanisch-hohenzollernsche Sache, keine preußisch-deutsche, und sie ging von Spanien aus. Der König Wilhelm hatte mit ihr nur als Chef des hohenzollernschen Gesamthauses zu thun, Bismarck gab dabei seinen persönlichen Rat, aber nicht als Bundeskanzler; er erwartete auch von Spanien kein Bündnis, sondern höchstens handels-politische Vorteile, „stand politisch der ganzen Frage ziemlich gleich-giltig gegenüber" und meinte im übrigen, ein Hohenzoller werde auch als König von Spanien nur spanische Politik treiben können. Er erwog dabei pflichtmäßig alle möglichen Folgen von dem Standpunkt der deutschen Interessen aus und hatte keinen Grund, etwaige Vorteile ab-zuweisen, auch wenn Frankreich damit unzufrieden sein sollte. Einen Krieg mit Frankreich befürchtete er indes aus diesem Anlaß nicht, die Auffassung der Franzosen, daß hier Preußen als Staat französische Interessen verletze, erschien ihm unberechtigt, die ganze Behandlung der Angelegenheit von seiten Frankreichs „unverschämt." Von der euro-päischen Lage macht er nur gelegentlich in diesem Kapitel und ander-wärts die Andeutung, daß die Möglichkeit eines französisch-österreichisch-italienischen Bündnisses vorgelegen habe und vom Ultramontanismus nach Kräften gefördert worden sei (II, S. 52 f. 74. 83. 168 f.).

Die Lücke, die durch dieses Schweigen zwischen diesem 22. Kapitel und dem vorangehenden 21. (Der Norddeutsche Bund) entsteht, ist deshalb besonders fühlbar, weil Bismarcks Politik im Jahre 1870 ohne die Kenntnis der europäischen Lage, wie sie ihm erschien, gar nicht verständlich ist. Wir wissen zu viel, als daß wir uns mit seinen

Anbeutungen begnügen könnten, zu wenig, als daß wir nicht fort=
während vor Rätseln stünden, die doch Bismarck hätte lösen können.
Allgemein bekannt sind, zumal seit einigen „indiskreten" französischen
Publikationen von Gramont, Chauborby, Prinz Napoleon, Jarras,
Rothan, Lebrun, die schon Sybel, allerdings mit starken Zweifeln an
der Glaubwürdigkeit mancher, benutzt hat, folgende grundlegenden That=
sachen. Frankreich und Österreich stanben dem neuen Deutschland in=
sofern feindselig gegenüber, als sie den etwaigen Eintritt der süd=
deutschen Staaten in den Norbbeutschen Bunb, also die Vollendung
der beutschen Einheit als eine Verletzung bes Prager Friedens auffaßten,
demnach an dem Anspruch festhielten, sich in die beutschen Angelegen=
heiten einzumischen. Beide Mächte hatten sich seit der Salzburger Zu=
sammenkunft der beiden Kaiser im August 1867 genähert, dort auch
ein Protokoll aufgesetzt, das „die Harmonie der Ibeen" feststellte, unb
verhanbelten 1869 über ein Verteidigungsbünbnis, in bas auch Italien
hineingezogen werden sollte, wie Österreich ausbrücklich verlangte, um
auf alle Fälle seine Südgrenze zu becken. Da Italien seinen Beitritt
an die Überlassung Roms knüpfte, so scheiterte baran der Abschluß,
doch tauschten die brei Monarchen Briefe mit einander aus, die eine ge=
wisse gegenseitige Verpflichtung anerkannten. Im März unb April 1870
schlug barauf Erzherzog Albrecht, der Führer der österreichischen Kriegs=
partei, in Paris einen gemeinsamen Feldzugsplan vor, am 10. Mai
wurde der Entwurf zu einem Schutz= und Trutzbündnis der drei Mächte
aufgestellt, im Juni der Plan in Wien weiter mit dem französischen
General Lebrun besprochen: gemeinsamer Einbruch zunächst der Fran=
zosen, dann der Österreicher unb Italiener in Südbeutschland, Vereinigung
etwa bei Nürnberg, Vormarsch auf Berlin, Entscheidungsschlacht bei
Leipzig. Allerdings sollte der Krieg nicht vor dem Frühjahr 1871
unternommen werden, unb beim Abschiede sagte Kaiser Franz Joseph
dem französischen General nachbrücklich, er könne nur bann am Kriege
teilnehmen, wenn Napoleon III. nicht als Feind, sonbern als Befreier
in Südbeutschland erscheine; sonst könne Preußen „unter Ausnützung
der neuen beutschen Ibee" nicht nur die Norb= und Südbeutschen,
sonbern auch die österreichischen Deutschen zur nationalen Erhebung
bringen. Vorausgesetzt wurde also, daß Frankreich einen Kriegsgrund
fanb, der Preußen diese „Ausnützung" unmöglich machte, und daß es

zuerst losschlug, die andern ihm erst folgten. Abgeschlossen wurde das Bündnis formell auch damals nicht, vor allem deshalb nicht, weil Italien auf der Räumung Roms bestand; aber ohne Zweifel hatte Gramont, seit dem 15. Mai Minister des Auswärtigen in Frankreich, bis dahin französischer Botschafter in Wien, im Juli 1870 einigen Grund, auf die Hilfe Österreichs und Italiens zu rechnen, denn was hatte die spanische Kandidatur Prinz Leopolds mit nationaldeutschen Interessen zu thun, und lauteten nicht die Berichte der französischen Gesandten aus den süddeutschen Residenzen derart, daß man in den dortigen partikularistisch=preußenfeindlichen Parteien ultramontaner und demokratischer Färbung starke Bundesgenossen in dem Feldzuge für die „Befreiung" Süddeutschlands sehen mußte? [1]) Dürfte es doch auch „keinem Zweifel unterliegen, daß Graf Bray [der bayrische Ministerpräsident] durch den Herzog von Gramont in Wien von den militärischen Abmachungen zwischen dem Erzherzog Albrecht und Paris Kenntnis erhalten hatte und begreiflicherweise eine Zeit lang befürchten mußte, zwischen zwei Feuer zu geraten." Hat doch Gramont nach der Kriegserklärung selbst gesagt: Quant aux états du sud de l'Allemagne ils ne bougeront pas. Je suis renseigné par mon ami et. élève M. de B. Bray galt bei Bismarck für unnational, ultramontan und österreichisch und soll 1870 die bayrische Mobilmachung aufgehalten haben.[2]) Vorwärts drängten neben den politischen Antrieben die Ultramontanen in Rom, Paris und Wien, vielleicht auch in München, genau so, wie 1756 das antipreußische Einverständnis vom Vatikan aus eifrig gefördert worden war. Es ist dafür höchst bezeichnend, daß Professor Friedrich in seinem während des Konzils geführten Tagebuche am 2. Mai 1870 die Notiz eintrug: „Von einer Seite, die es wissen kann oder wenigstens soll, wird mir gesagt, daß es im Jahre 1871 einen Krieg zwischen Preußen

---

[1]) Eine erbauliche Illustration zu dieser längst bekannten erbaulichen That-sache liefert Luise von Kobell in ihrer, wie es scheint, manchen Leuten recht un-bequemen, aber sehr dankenswerten Schrift König Ludwig II. und Fürst Bismarck im Jahre 1870 (Leipzig, 1899) über die Beziehungen des französischen Gesandten in München, Herzogs von Cadore, zu dem ganz französisch=rheinbündisch=ultra-montanen Salon Pfeffel, S. 20. 21.

[2]) L. von Kobell 21 f. Busch I, 207. 251. III, 246.

und Frankreich geben wird. Man munkelt von einem Einverständnis der Kurie und der Jesuiten mit den Tuilerien."[1]

Von diesen Voraussetzungen aus machte Gramont sofort, nachdem am 15. Juli in Paris thatsächlich die Entscheidung für den Krieg ge= fallen war, sowohl bei Österreich wie bei Italien Versuche, das lange geplante Bündnis endlich zum Abschluß zu bringen. Entsprach doch der Kriegsvorwand vollkommen der kurz vorher von Kaiser Franz Joseph gestellten Bedingung, daß er nicht die nationalen Leidenschaften der Deutschen aufregen dürfe! Nun erkannte wirklich Graf Beust die Verpflichtung Österreichs gegenüber Frankreich an, denn er schrieb in einem Briefe vom 20. Juli an den kaiserlichen Botschafter Fürst Metternich, den dieser am 23. Juli dem Herzog von Gramont mit= teilte: „Wollen Sie wiederholen, daß wir, getreu unsern Verpflich= tungen, wie dieselben niedergelegt sind in den im vorigen Jahre zwischen beiden Souveränen ausgetauschten Briefen, die Sache Frankreichs als unsre eigne ansehen, und daß wir zu dem Erfolge seiner Waffen in den Grenzen des Möglichen beitragen werden." Doch müsse Österreich vorläufig neutral bleiben, um seine Rüstungen zu vollenden, und könne (wie Metternich hinzufügte) nicht vor Anfang September in den Krieg eintreten. Italien aber hoffte Napoleon zu gewinnen, indem er in

---

[1] Sybel, der freilich die „Feuergefährlichkeit" dieser Verhandlungen nicht zugeben will, Begründung des Deutschen Reichs VII, 87 ff. 203 ff. 233 ff. Neue Mitteilungen und Erläuterungen 7 ff. Friedjung, Der Kampf um die Vorherrschaft in Deutschland II, 512 ff. Oncken, Das Zeitalter des Kaisers Wilhelm I. 719 ff. E. Marcks, Wilhelm I. 268 f. H. Delbrück in den Preußischen Jahrbüchern 1892, XII, 729 ff. und 1895, X. Wie bestimmt man in höhern französischen Offizierskreisen den Krieg im Bunde mit Österreich erwartete, zeigt u. a. die Mitteilung eines französischen Stabsoffiziers, der den Feldzug beim III. Korps (Decaen) der Armee Bazaines mitmachte, Trois mois à l'armée de Metz par un officier du génie, Brüssel 1871 (abgeschlossen in Mainz 13. De= zember 1870) S. 153: En causant avec nous [8. September 1870], notre général nous raconte la conversation qu'il a eue avant-hier avec le maréchal Leboeuf [dem frühern Kriegsminister]. Depuis le commencement de l'année, la guerre avec la Prusse était décidée. On avait songé à l'alliance autri- chienne. L'empereur d'Autriche avait alors promis son concours. Après la déclaration de guerre, du 15 juillet, le gouvernement français avait demandé à l'Autriche de ténir sa promesse usw.

Florenz die Wiederherstellung der Septemberkonvention von 1865 anbot und seine Truppen aus Rom zurückzog; und wirklich war König Viktor Emanuel persönlich Feuer und Flamme für den Krieg, wie er noch 1873 bei seinem Besuche in Berlin dem Kaiser Wilhelm offen gestanden hat.[1] Nach dem Vorgange Österreichs (20. Juli) erklärte trotzdem auch Italien am 24. Juli seine Neutralität, aber die drei Mächte verhandelten eifrig in Paris, und obgleich manche einzelnen Angaben, namentlich Gramonts, darüber unzuverlässig sein mögen, soviel steht doch fest, daß Österreich und Italien unter gewissen Bedingungen zu einer bewaffneten Vermittlung bereit waren, die zum Kriege an Frankreichs Seite führen mußte und sollte. Wenn es dazu nicht kam, so lag dies wahrhaftig nicht an dem guten Willen der Verbündeten, sondern an der mangelhaften Rüstung Frankreichs, die hinter aller Erwartung zurückblieb, an dem Widerstreben der Ungarn gegen einen Krieg, der Österreich die verlorne Hegemonie in Deutschland wiedergeben konnte, an der begeisterten nationalen Erhebung Deutschlands, die alle Berechnungen zu schanden machte, an den glänzenden Erfolgen der deutschen Waffen im August und an der drohenden Haltung Rußlands. Dem siegreichen Frankreich wären Österreich und Italien zu Hilfe gekommen, das besiegte überließen sie seinem Schicksale.

Wenn Fürst Bismarck in den Gedanken und Erinnerungen von allen diesen Dingen so gut wie nichts sagt, so mag das seine Rechtfertigung darin finden, daß er sie nach den Darstellungen Sybels u. a. als bekannt voraussetzen durfte, allerdings nur bei historisch gebildeten Lesern. Diese Voraussetzung trifft aber nicht mehr ganz oder überhaupt nicht mehr zu, sobald man die Frage stellt: Inwieweit ist man in Berlin von diesen „feuergefährlichen" Verhandlungen unterrichtet gewesen, und wie hat diese Kenntnis auf die deutsche Politik gewirkt? Denn hier lassen sich bis jetzt nur die Hauptzüge erkennen, und manches bleibt dunkel. Unzweifelhaft hat Bismarck — und mit ihm seine ganze Umgebung — nach dem Vorgehn Napoleons III. im Jahre 1866 und nach seiner Kenntnis der Franzosen einen Krieg zur Vollendung

---

[1] Sybel VII, 381 ff., der wieder Beusts Worten und den österreichischen Rüstungen jede gefährliche Bedeutung zu nehmen sucht.

4 *

der deutschen Einheit für so gut wie unvermeiblich gehalten [1]) und auch die Bildung einer deutschfeindlichen Koalition befürchtet. Unmittelbar nach dem Kriege von 1866 hielt der scharffinnige Th. von Bernharbi, einer der klügsten Diplomaten, den Bismarck jemals zur Verfügung gehabt hat, einen Dreibund zwischen Österreich, Frankreich und Italien für wahrscheinlich (6. September), und am 14. Februar 1867 bemerkte R. von Keudell, einer von den vertrauten Mitarbeitern Bismarcks, zu Bernharbi: „Österreich sucht eine Tripelallianz mit Frankreich und Italien; die [von Napoleon als erste Bedingung geforderte] Versöhnung mit Ungarn ist die Einleitung dazu," daher sei Beust auf Napoleons Vorschlag zum Minister berufen worden. Am 3. Mai desselben Jahres hatte Keudell die Nachricht, daß Napoleon als Preis eines Bündnisses Rom angeboten habe [also vor dem Einbruche Garibaldis, der die Franzosen zur abermaligen Besetzung Roms veranlaßte und am 3. November 1867 bei Mentana scheiterte]; dasselbe meldete Graf Usedom, der norddeutsche Gesandte in Florenz, mit dem Zusatze, Beust wolle die Koalition von 1757. Bismarck selbst bezeichnete das allerdings am 10. Mai als unmöglich, weil es unvernünftig sei, und Abelen sprach am 16. Juli die Hoffnung aus, Österreich werde sich durch den Tod Maximilians von Mexiko „gegen französische Verlockungen warnen lassen." [2]) Doch die Salzburger Kaiserzusammenkunft im August 1867 regte die Besorgnis von neuem auf, obwohl beide Kaiser versicherten, sie wollten sich in die innern Verhältnisse Deutschlands nicht einmischen, was Bismarck in seinem Rundschreiben vom 7. September 1867 mit Befriedigung, aber auch mit dem stolzen Zusatze konstatierte, daß das

---

[1]) So erklärte er z. B. im März 1867 bei der Luxemburger Frage, wo er es nicht zum Kriege kommen ließ, dem Abgeordneten Grafen Bethusy-Huc auf die Frage: „Glauben Euer Exzellenz, daß binnen hier und fünf Jahren ein Krieg mit Frankreich eintreten wird?" „Ja, das glaube ich leider." Poschinger, Bismarck und die Parlamentarier III, 284. Vergl. dazu die Erklärung in den Hamburger Nachrichten vom 20. Februar 1895 bei Penzler, Fürst Bismarck nach seiner Entlassung VI, 21 f.: „Die deutsche Politik sah den Krieg mit Frankreich als zweifellos bevorstehend voraus, wenn er nicht in Frankreich durch den Tod Napoleons — oder anderweit durch innere Unruhen verhindert würde."

[2]) Aus dem Leben Th. von Bernharbis VII (1897) 284 f. 329 f. 365 ff. 377. — H. Abelen 350. Sybel hat Bernharbis Tagebuch von 1866/67 noch nicht gekannt.

deutſche Volk eine ſolche Einmiſchung überhaupt nicht ertragen werde.
„Von da ab [1867]," erklärte er ſpäter in ſeiner großen Reichstags=
rede vom 6. Februar 1888, „1868, 1869 ſind wir bis 1870 un=
unterbrochen in der Befürchtung vor dem Kriege, vor den Ver=
abredungen geblieben, die zur Zeit des Herrn von Beuſt in Salzburg
und an andern Orten zwiſchen Frankreich, Öſterreich und Italien ge=
troffen wurden." [1]) Er hat darüber ſogar einmal am 21. März 1869
dem franzöſiſchen Botſchafter Benedetti geradezu eine Anfrage geſtellt. [2])
Dem Grafen Beuſt traute er nicht über den Weg, wie er oft genug
erklärt hat, [3]) und Fürſt Metternich galt ihm als der eigentliche Träger
der öſterreichiſch=franzöſiſchen Bündnisidee, als der Führer der „nicht
ſehr zahlreichen, aber einflußreichen Partei" in Öſterreich und in Ungarn,
die den Krieg wolle, als „einer der Haupthetzer zum Kriege, der jetzt
wütet." [4])

Auch militäriſch machte man ſich auf einen Krieg an zwei Fronten,
gegen Frankreich und Öſterreich gefaßt. Dazu arbeitete Moltke ſeit
1867 eine Anzahl Entwürfe aus, die teils einen Krieg gegen Frank=
reich allein, teils gegen Frankreich und Öſterreich zugleich ins Auge
faßten und ſpäter auf beſtimmten Abmachungen mit den ſüddeutſchen
Staaten beruhten, nachdem er mit den Militärbevollmächtigten Bayerns
und Württembergs am 13. Mai 1868 eine eingehende Beſprechung
gehabt hatte. In dem erſten Entwurfe dieſer Art vom 16. Sep=
tember 1867 ſetzte er die Haltung Öſterreichs und Dänemarks nur
als „mindeſtens zweifelhaft" voraus und wollte daher gegen dieſe beiden
Nachbarn zuſammen nur drei Armeekorps zurücklaſſen; auch für 1868
glaubte er bei den „unfertigen Zuſtänden" Öſterreichs, der „Abneigung
Ungarns" und der Haltung Rußlands noch keine Teilnahme des
Kaiſerſtaats am Kriege beſorgen zu müſſen. Dagegen faßte er in zwei
ſpätern Entwürfen, von denen der eine noch aus dem Jahre 1868

---

[1]) Politiſche Reden des Fürſten Bismarck, herausgegeben von H. Kohl
III, 313. XII, 453.
[2]) H. Kohls Bismarckregeſten I, 366.
[3]) Z. B. in dem hübſchen Vergleich mit dem vom Dache fallenden Schiefer=
decker bei Poſchinger, Tiſchgeſpräche und Interviews II, 59.
[4]) So ließ er zu Anfang Dezember 1870 durch M. Buſch in zwei Zeitungs=
artikeln ausführen, Buſch, Tagebuchblätter I, 481. 483.

stammt, aber im Januar und März 1869 überarbeitet worden ist, der zweite im Winter 1868/69 entstand und dann noch mehrmals, zuletzt im Juli 1870 teilweise umgestaltet wurde, den Doppelkrieg auf beiden Fronten ins Auge; ja er riet in der zweiten, sobald in Österreich die Rüstungen begönnen, den Krieg an Frankreich zu erklären, da dann das Einverständnis zwischen beiden Staaten sicher sei und zu hoffen stehe, daß, da Österreich sechs bis acht Wochen Zeit zu seiner Mobilisierung brauchen werde, inzwischen Frankreich entscheidend geschlagen worden sei und Österreich dann vielleicht das Schwert in die Scheide zurückstoßen werde. Jedenfalls wollte er gegen Frankreich die deutsche Hauptmacht und zwar angriffsweise verwenden, gegen Österreich defensiv verfahren und nur drei Armeekorps (das I., II. und VI.) mit zwei mobilen Landwehrdivisionen in Sachsen und Schlesien zurücklassen, da man hier im Osten „eventuell“ auf russische Hilfe zählen dürfe. Auch der Generalstabschef hat also eine französisch = österreichische Koalition für höchst wahrscheinlich gehalten und danach 1870 gehandelt, denn beim Ausmarsch gegen Frankreich im Juli blieben gegen Österreich zunächst zwei Armeekorps, das VI. bei Breslau, das II. bei Berlin zurück, und erst am 18. Juli teilte er Roon mit: „Die Front gegen Österreich ist bis jetzt nicht bedroht. Ich halte es vielmehr für das beste, alle demonstrativen Anordnungen in der Grenzprovinz zu vermeiden.“[1]) Hinzugefügt sei noch, daß um diese Zeit die Stimmung in der sächsischen Oberlausitz an der böhmischen Grenze sehr besorgt war, da man wußte, daß in Österreich die Reserven einberufen würden. Sehr bezeichnend ist auch die — soviel ich weiß — noch nirgends erwähnte Ausprägung österreichischer Silbermünzen mit der Gleichung 3 Gulden = 5 Franken in dieser Zeit.

War man sich also in Berlin über die Stimmungen und Absichten in Wien ganz klar, so traute Bismarck auch dem Florentiner Kabinett nach seinem eignen Zeugnis (G. u. E. II, 103) keineswegs, trotz der römischen Frage. Dieses Mißtrauen schwand erst, als am

---

[1]) Moltkes militärische Korrespondenz III, 1 (1896) Nr. 12. 14. 15. 16. 18. 24. Über den Krieg gegen Frankreich sagte er schon im März 1867: „Ich halte leider diesen Krieg binnen jetzt und fünf Jahren für unvermeidlich.“ Am liebsten hätte er ihn schon damals gesehen. Poschinger, Bismarck und die Parlamentarier II, 97. III, 283.

21. August 1870 im Hauptquartier Pont-à-Mousson aus Florenz „die sichere Nachricht" eintraf, Viktor Emanuel habe sich infolge der deutschen Siege entschlossen, neutral zu bleiben. [1]) Ob man aber in Berlin von den Verabredungen über den Kriegsplan der werdenden Koalition etwas gewußt hat, ist doch zweifelhaft, sogar unwahrscheinlich, denn Moltke nimmt auch in seiner letzten, noch im Juli 1870 überarbeiteten Denkschrift, wo er doch die Aufstellung der bayrischen Hauptmacht am untern Inn voraussieht, [2]) keine Rücksicht auf die Möglichkeit, daß eine italienische Armee über den Brenner gegen München marschiere. Aber sehr aufmerksam verfolgte man den langen Aufenthalt des Erzherzogs Albrecht in Paris im März 1870; Busch erhielt schon am 11. März den Auftrag, [3]) „zunächst in einem Blatte, das der Regierung fern steht," darauf „als auf ein bedenkliches Symptom" hinzuweisen und zu bemerken, „in London knüpften sich daran Gerüchte von einem Ab= kommen zwischen Frankreich und Österreich." Nicht minder war man in Berlin des Einverständnisses der römischen Kurie und der Jesuiten mit den Tuilerien „über eine Koalition der katholischen Mächte völlig sicher." [4])

Kurz, Bismarck hatte nicht den geringsten Zweifel daran, daß sich eine Koalition gegen das neue Deutschland vorbereite, und diese Befürchtung, dieser „Alpdruck der Koalitionen" (le cauchemar des coalitions, G. u. E. II, 224. 233) mußte seine ganze Politik be= herrschen und hat sie beherrscht. Gegen die feindlichen Minen legte er also Gegenminen. Er pflegte sorgfältig das gute Einvernehmen mit Rußland, das der Hauptsache nach auf der Februarkonvention von 1863 beruhte, und das insofern auch in Rußlands besonderm Interesse lag, als ein Sieg Frankreichs über Deutschland die Polen unzweifelhaft zu einer neuen Erhebung gebracht hätte; [5]) ja man war dessen so sicher, daß Moltke in seinen Entwürfen zu einem Doppelkriege gegen Frank= reich und Österreich den russischen Beistand mit in Rechnung stellte.

[1]) Busch, Tagebuchblätter I, 92.

[2]) Moltke a. a. O. III, 1, 119 ff. (Nr. 18).

[3]) Busch I, 14 f.

[4]) Busch II, 303 f. (Aufsatz für die Kölnische Zeitung in Bismarcks Auftrage, Januar 1872).

[5]) Vergl. Sybel VII, 379 f.

In der That erlangte auch König Wilhelm von Kaiser Alexander bei der Zusammenkunft in Ems, 2. bis 4. Juni 1870, der Bismarck bei=wohnte, die Zusicherung freundlicher Neutralität Rußlands, unter der Voraussetzung, daß kein Zwang gegen die süddeutschen Staaten geübt werde; [1] das gute alte Einvernehmen wurde dort also befestigt. Andrerseits hat Bismarck, wie er in den Gedanken und Erinnerungen II, 103 mit schönem Freimut selbst gesteht, kein Bedenken getragen, auch mit der italienischen Aktionspartei, die von einem nähern Anschluß der italienischen Regierung an Frankreich eine stärkere Abhängigkeit Italiens fürchtete, in Verbindung zu treten, um mit ihrer Hilfe ein feindliches Vorgehen Italiens gegen Deutschland zu lähmen, wie er es 1866 nicht verschmäht hatte, die Magyaren gegen Österreich aufzurufen, als sich Frankreich einzumischen drohte. Schon 1867 hatte sich Garibaldi um Geldunterstützung seines damals geplanten Einfalls in den Kirchen=staat an ihn gewandt, noch ohne Erfolg, weil Bismarck diesen Schritt für ungerechtfertigt hielt; [2] dann traten 1868 und 1869 ähnliche anti=französische Anregungen von italienischer und nicht bloß republikanischer Seite an ihn heran. Im Juli 1870, kurz nach der Kriegserklärung sollte der bekannte Demokrat Gustav Rasch vom Auswärtigen Amte aus durch M. Busch gefragt werden, „ob er zu Garibaldi reisen, ihn zu einer Expedition gegen Rom veranlassen und ihm von uns dazu Geld überbringen wolle"; [3] endlich erschienen auf dem Marsche durch die Pfalz (in Homburg 7. oder 8. August) „italienische Herren" bei Bismarck, um Unterstützung für ihr Vorgehen gegen ihre Regierung zu erbitten, und erhielten von ihm die Antwort: es sei gegen sein politischen Gewissen, eine Initiative zum Bruche zu ergreifen. Doch „wenn Viktor Emanuel, erklärte er weiter, die Initiative zu dem Bruche ergriffe, so würde die republikanische Tendenz derjenigen Italiener, welche eine solche Politik mißbilligten, mich nicht abhalten, dem Könige, meinem Herrn, zur Unterstützung der Unzufriednen in Italien durch Geld und Waffen, welche sie zu haben wünschten, zu

[1] B. Volz, Wilhelm der Große 453, der manche gute, sonst unbekannte Mitteilung bringt.

[2] Busch II, 281 (mit Bezug auf Benedetti, Ma mission en Prusse).

[3] Busch I, 46 f., vgl. mit der eben angeführten Stelle, nach der die Sendung zu stande gekommen zu sein scheint.

raten." Denn, setzt er hinzu: „Ich fand den Krieg, wie er lag [vor Metz, aber schon nach Weißenburg, Wörth und Saarbrücken!], zu ernst und zu gefährlich, um in einem Kampfe, in dem nicht nur unsre natio= nale Zukunft, sondern auch unsre staatliche Existenz auf dem Spiele stand, mich zur Ablehnung irgend eines Beistandes bei bedenklicher Lage der Dinge für berechtigt zu halten."[1] Ein eigentümliches Licht wirft auf diese Beziehungen ein Artikel [von Karl Blind] aus London vom 13. April 1874[2]) mit der, wie es scheint, seither kaum beachteten Notiz: „Zwischen deutschen Vaterlandsfreunden und der italienischen Aktionspartei waren in jenen Tagen Verbindungen angeknüpft worden, um unter national = demokratischer Fahne einen neuen Ansturm gegen Rom herbeizuführen. Über London ging diese Verbindung [offenbar durch Karl Blind]. Mazzini, damals in Genua, hatte die Anträge angenommen. Waffen und Geldmittel lagen bereit."

In den Zusammenhang dieser Gegenminen gehört nun unzweifel= haft auch Bismarcks Behandlung der spanischen Thronkandidatur des Prinzen Leopold von Hohenzollern, und nur als Glied eines großen Ganzen ist sie völlig verständlich. Die Gedanken und Erinnerungen deuten aber diesen Zusammenhang nicht nur kaum an, sondern sie schwächen auch Bismarcks Anteil an diesen Dingen zu sehr ab. Und doch kann nach den Veröffentlichungen „Aus dem Leben König Karls von Rumänien" (1894) und andern Nachrichten gar kein Zweifel darüber bestehn, daß Bismarck die Kandidatur nicht nur gefördert hat, sondern daß er mit dem ganzen Nachdruck seiner mächtigen Energie für ihre Verwirklichung eingetreten ist.

Schon im Februar 1870, als die Spanier, nachdem sie 1869 zweimal vergeblich angeklopft hatten, wieder kamen, sprach sich Bismarck „mit großer Wärme" für die Annahme der Krone aus und hob in einer Denkschrift an König Wilhelm die große Bedeutung hervor, welche die Berufung eines Hohenzollernprinzen auf den spanischen Thron für Deutschland haben würde: politisch unschätzbar würde es sein, im Rücken Frankreichs ein feindlich gesinntes Land zu haben, und auch wirtschaftlich würde es für Deutschland wie für Spanien selbst

---

[1]) Gedanken und Erinnerungen 103.

[2]) In der „Dresdner Presse" vom 16. April 1874.

die größten Vorteile nach sich ziehn, wenn dieses entschieden monarchisch gesinnte Land[1] unter einem König aus deutschem Stamme seine Hilfs= quellen zur Entwicklung brächte, und sein Handel sich auf die Höhe höbe, die der Ausdehnung seiner hafenreichen Küsten entspräche. Obwohl nun der Prinz Leopold wenig Neigung hatte, und auch der König „die schwersten Bedenken gegen die Annahme" aussprach,[2] so hielt doch Bismarck an seiner Auffassung fest. Er verkehrte viel mit dem spanischen Bevollmächtigten Salazar y Mazarredo, der mit Schreiben von Prim damals nach Berlin gekommen war, er ließ am 12. März den Imparcial für das Auswärtige Amt bestellen und in der Presse die Kandidatur des Herzogs von Montpensier bekämpfen.[3] Wohl auf seine Veranlassung fand dann am 15. März im Berliner Schlosse beim Fürsten Karl Anton von Hohenzollern, der die Herren zum Diner eingeladen hatte, „eine sehr interessante und wichtige Beratung unter Vorsitz des Königs" statt, „bei welcher der Kronprinz, wir beide [Karl Anton und Leopold], Bismarck, Roon, Moltke, Schleinitz [Minister des königlichen Hauses], Thile [Unterstaatssekretär im Aus= wärtigen Amt] und Delbrück zugegen waren. Der einstimmige Beschluß der Ratgeber lautet auf Annahme, weil dieselbe eine preußische patrio= tische Pflichterfüllung sei." Dabei trat Bismarck „von neuem mit großer Wärme für die Annahme der spanischen Krone" ein.[4] Wenn Fürst Bismarck in den Hamburger Nachrichten vom 20. Februar 1895[5] erklären ließ: „eine solche Sitzung hat niemals stattgefunden" und in den Gedanken und Erinnerungen II, 81 dies in der wesentlich ge= änderten Form wiederholt: „Das dort [in den Tagebüchern Karls von

---

[1] Es ist ein noch zu wenig beachteter Zug Bismarckischer Politik, daß sie sich als monarchisch = konservativ auch gegen demokratisch = republikanische Bestrebungen innerhalb ihres Bereichs richtete, siehe Gedanken und Erinne= rungen II, 229.

[2] Aus dem Leben Karls von Rumänien II, 68.

[3] Busch I, 15; vgl. III, 125.

[4] Brief Karl Antons vom 20. März an Fürst Karl II, 72 und dessen Eintrag im Tagebuch unter dem 4./16. März II, 70.

[5] Penzler, Fürst Bismarck nach seiner Entlassung VI, 22. Bismarck= Jahrbuch II, 638. Bucher spricht bei Busch III, 331 von einer „Sitzung des Gesamtministeriums" in der spanischen Sache. Ist dies nur ein ungenauer Ausdruck für dieselbe Sache?

Rumänien] erwähnte Ministerconseil im Schloſſe hat nicht ſtattgefunden," ſo trifft er in beiden Fällen nur den Ausdruck Karl Antons, der übrigens von einem „Ministerconseil" gar nicht ſpricht, aber nicht die Sache, denn der Brief, der vom 20. März, fünf Tage nachher datiert iſt, kann nicht irren. Da nun Prinz Leopold beſtimmt ablehnte, ſo ſchlug Karl Anton ſeinen jüngern Sohn Friedrich vor und ſtellte, als Bismarck „die Annahme der ſpaniſchen Krone durch einen der Prinzen von Hohenzollern wiederholt und mit größter Entſchiedenheit für eine politiſche Notwendigkeit erklärt hat," den Spaniern ſeine Be= dingungen.[1] Zugleich aber ſchickte Bismarck vor Oſtern [17. April] ſeinen vertrauten Geheimen Rat Bucher und den Major vom General= ſtabe des V. Armeekorps Max von Verſen, der viel in Südamerika gereiſt und des Spaniſchen völlig mächtig war, nach Spanien, „um dort die Lage zu ſtudieren." Bucher nahm dabei ſeinen Weg zunächſt nach Düſſeldorf, wo er den Fürſten Karl Anton aufſuchte, dann über Paris, wo er, mißtrauiſch beobachtet, nur mit einiger Mühe den Nachſpürungen franzöſiſcher Detektivs entkam, und überreichte in Madrid dem Marſchall Prim einen Brief Bismarcks. Verſen ſollte ſich die ſpaniſche Armee anſehen, beſuchte unter falſchem Namen faſt alle größern Städte des Landes und wohnte auch in Madrid einer Parade über ein paar Regimenter bei.[2] Während dieſer Zeit telegraphierte Fürſt Karl Anton an Bucher, auch ſein Sohn Friedrich lehne die Krone ab, was Prim aber noch keineswegs als endgiltigen Beſcheid annahm. Jedenfalls brachten Bucher und Verſen, der am 6. Mai wieder in Berlin eintraf, „ſehr zufriedenſtellende Berichte über die Ausſichten der Kandidatur Hohenzollern in den Cortes und im Lande zurück." Bismarck war daher, wie Karl Anton am 26. Mai dem Fürſten von Rumänien ſchrieb, „ſehr unzufrieden mit dem Fehlſchlagen der ſpaniſchen

---

[1] Eintrag des Fürſten Karl in ſein Tagebuch unter dem 22. März/3. April II, 75 f.

[2] Außer den kurzen Notizen im Tagebuche Karls von Rumänien vom 22. März.3. April II, 76 und von Ende Mai II, 93 liegen noch die Erzählungen Buchers bei Buſch III, 78 ff. 125 (1882) und 221 f. (1887), vergl. 165 f. (1883) 331 (1892) und II, 65, ſowie die Biographie Verſens von v. Werthern vor. Bucher ſpricht von zwei ſpaniſchen Reiſen, um Oſtern und im Juni 1870, deren zweite Verſen mitgemacht habe. Doch war Verſen ſicher nur um Oſtern in Spanien, ſ. die Biographie 79 ff.

Kombination. Er hat nicht unrecht, setzt er hinzu; doch ist die Sache noch nicht vollständig aufgegeben! Sie hängt noch an einigen schwachen Fäden, die aber wie Spinnweben sind!"[1] In der That machte sich jetzt Prinz Leopold, auch unter der Einwirkung Versens, der bei Karl Anton in Nauheim erschien, mit dem Gedanken vertraut, unter bestimmten Bedingungen die Krone anzunehmen, und erklärte sich endlich, nachdem Bismarck dem Vater geraten hatte, auf den Erbprinzen einzuwirken, „daß dieser sich aller Bedenken entschlage und im Interesse Deutschlands sich für die Annahme der spanischen Krone entscheide," Anfang Juni dazu bereit, „da ihm von der berufensten Seite vorgestellt worden ist, daß das Staatsinteresse dies erheische." In diesem Sinne schrieb er an König Wilhelm, „er nehme die Krone an, da er hoffen dürfe, seinem Vaterlande hierdurch einen großen Dienst zu erweisen," und der König erklärte, etwas befremdet über den Wechsel der Anschauungen, sein Einverständnis.[2] Damit war die Sache entschieden. Um Prim von dem Umschwunge zu benachrichtigen, reiste Bucher zum zweitenmale nach Madrid, kehrte von dort mit Salazar über Paris nach Deutschland zurück, reiste mit ihm zum Prinzen erst nach Reichenhall, dann nach Sigmaringen und erhielt dort am 20. Juni dessen Zustimmung. Darauf begaben sich beide zu König Wilhelm nach Ems, der in einer einstündigen Audienz sehr gnädig war, und Bucher ging dann noch nach Varzin zu Bismarck, um ihm Bericht zu erstatten.[3] Es bedurfte nur noch der gar nicht zweifelhaften Entscheidung der spanischen Cortes.

---

[1] Die Ablehnung Friedrichs meldete Karl Anton am 22. April aus Berlin, wohin ihn der König telegraphisch berufen hatte, nach Bukarest, Tagebücher II, 80 f. Über Bismarck II, 90.

[2] Tagebuch Karls von Rumänien von Ende Mai II, 92 f. und vom 23. Mai/4. Juni 93.

[3] Bucher bei Busch III, 165 ff. II, 65. Werthern, Versen 82 f. Nach dieser ziemlich eingehenden Schilderung und der natürlich ebenfalls auf Bucher zurückgehenden kurzen Darstellung Buschs in der Schrift Bismarck und sein Werk 85 ff. läßt sich diese zweite spanische Reise etwa folgendermaßen konstruieren. Bucher war noch vor dem 11. Juni in Madrid; erst daraufhin fertigte Prim am 14. Juni (Dienstag) Salazar mit allen Vollmachten an den Prinzen Leopold ab (Sybel VII, 259), nachdem sich Salazar „Sonnabends," also am 11. Juni, dem Tage, wo Prim seine entscheidende Rede in den Cortes hielt (Sybel VII, 257 f.),

Unwiderleglich ist also durch gleichzeitige Zeugnisse der Wissenden festgestellt: Bismarck hat die spanische Kandidatur mit allen Kräften als eine politische Notwendigkeit, als ein preußisch-deutsches Staatsinteresse gefördert, er ist immer wieder darauf zurückgekommen und hat schließlich die Annahme des Angebots durchgesetzt, Prinz Leopold aber hat sich dazu im (deutschen) Staatsinteresse entschlossen.

Worin lag nun die große politische Bedeutung der Thronbesteigung eines Hohenzollern für Deutschland, die Bismarck schon in seiner Denkschrift so stark betonte? Natürlich vor allem in dem Verhältnis zu Frankreich, in dessen Rücken ein freundlich gesinntes Land zu haben „politisch unschätzbar" war. Man muß sich dabei erinnern, daß Frankreich von jeher gewöhnt war, Spanien als eine Art von Vasallenstaat zu betrachten, der sich der französischen Politik anzuschließen habe. Dies mag Napoleon III. damals um so wichtiger erschienen sein, als sich Italien der Abhängigkeit von ihm immer mehr entzog. und es entsprach seinem Lieblingsgedanken einer Hegemonie Frankreichs über die „lateinischen" Nationen. Er stand damals mit der Königin Isabella im besten Einvernehmen und machte ihr 1868 sogar den Vorschlag, die französische Besatzung Roms durch eine spanische abzulösen, denn so hoffte er aus dem heillosen Dilemma herauszukommen, entweder die Möglichkeit eines Bündnisses mit Italien zu verlieren, wenn er seine Truppen in Rom ließ, oder sich mit dem

---

mit Bucher über die gemeinsame Reise verständigt hatte. Beide reisten über Paris nach Reichenhall, trafen aber dort den Prinzen, bei dem inzwischen am 14. Versen in Bismarcks Auftrage eingetroffen war, nicht an, sondern nur seine Gemahlin (Antonia von Portugal), erfuhren von dieser, daß er in Sigmaringen sei, eilten am 19. dorthin und erhielten am 20. (Montag) seine Zusage (Sybel VII, 260; der 16. bei Busch a. a. O. 85 ist offenbar ein Irrtum), worauf sie beide zum König nach Ems fuhren, Salazar aber am 23. die Rückreise antrat. Das war allerdings für Bucher „ein Hin- und Herfahren im Zickzack." — Der in der Anmerkung zu Buschs Tagebuchblättern III, 166 geäußerte Zweifel an der Möglichkeit dieser zweiten spanischen Reise Buchers beruht auf der irrtümlichen Voraussetzung, daß Bucher den Besuch Salazars in Berlin empfangen habe. — Vergl. überhaupt Sybel VII, 251 ff. und Erläuterungen (1895) 52 ff. Er unterschätzt, obwohl er das Tagebuch Karls von Rumänien kennt, merkwürdigerweise Bismarcks Anteil und übergeht die dafür besonders wichtigen Sendungen Buchers nach Spanien ganz mit Stillschweigen.

französischen Klerus unheilbar zu verfeinden, wenn er sie zurückzog und damit den Papst den Italienern preisgab. Daher war der Sturz Isabellas durch die Septemberrevolution 1868 ein doppelter Schlag für ihn, weil sie eine ihm ergebne Regierung in Spanien stürzte, dort einem verhaßten Orleans auf den Thron verhelfen oder auch die Er= richtung einer ihm nicht weniger unbequemen Republik veranlassen konnte und die beabsichtigte Lösung der römischen Frage verhinderte. [1]) In Berlin, wo das Auswärtige Amt den spanischen Verhältnissen eine viel größere Aufmerksamkeit widmete, als es nach außen schien, empfand man darüber große Befriedigung. „Für den Augenblick, schrieb H. Abeken am 4. Oktober, kann Napoleon mit dieser spanischen Fliege im Nacken natürlich an keinen Krieg mit Deutschland denken; wenn= gleich er wohl schwerlich wagen wird, in Spanien zu intervenieren — muß er doch nach jener Seite hin beobachtend und gerüstet stehn." [2]) Bismarck selbst hat im Juli 1870, als der Konflikt mit Frankreich herauftieg, den Auftrag gegeben, in der Presse auszuführen, das Netz, das Frankreich mit Österreich, Italien und Spanien gegen Deutsch= land gesponnen habe, sei durch die Septemberrevolution 1868 zer= rissen worden. Soviel Wichtigkeit maß man also in Berlin schon damals dem Aufkommen einer Napoleon nicht geneigten, einer nicht ultramontanen Regierung in Spanien zu, daß man darin eine Art von Lähmung der französischen Politik erblickte! Es kann nicht zufällig sein, daß 1869 ein so scharfer Beobachter wie Th. von Bernhardi als Militärattaché nach Madrid geschickt wurde. Leider schließen seine veröffentlichten Tagebücher mit dem 10. Mai 1867, sodaß wir von seiner Wirksamkeit und seinen Erfahrungen in Spanien nichts wissen; nach den kurzen Notizen bei Sybel war er allerdings nicht tiefer in die Thronkandidatur des Prinzen Leopold eingeweiht, wie man sie denn auf der norddeutschen Gesandtschaft in Madrid überhaupt „für ein unbedachtsames Abenteuer Prims" gehalten hat. [3])

Wenn also Bismarck schon in dem damaligen Zustande Spaniens eine „spanische Fliege im Nacken" Napoleons sah (der Ausdruck klingt

---

[1]) Sybel VI, 341 ff.
[2]) H. Abeken 363 f. Busch I, 37.
[3]) Sybel VII, 255 A. 1. 259. 263.

faſt, als ob er von ihm herrühre!), um wieviel mehr in der Thron=
beſteigung eines deutſchen und hohenzollernſchen Prinzen! Gar nicht
abweiſen läßt ſich doch auch hier die Parallele mit der Beförderung
des Prinzen Karl von Hohenzollern zum Fürſten von Rumänien, die
Bismarck glücklich (Mai 1866) durchſetzte in einem Augenblick, wo er
zum Bruche mit Öſterreich trieb.[1] Wie aber hat er ſich nun das
Verhältnis Frankreichs und Napoleons dazu gedacht? Ohne Zweifel
beſtanden zwiſchen den Sigmaringer Hohenzollern und Napoleon III.
verwandtſchaftliche und freundſchaftliche Beziehungen; ohne Zweifel iſt
dem Kaiſer der erſte Plan, den Prinzen Leopold zu berufen, 1869
bekannt geweſen, und er hat nicht dagegen proteſtiert, ſodaß ſich die
Hohenzollern auch 1870 mit ihm friedlich verſtändigen zu können
meinten. Aber zu Benedetti äußerte er ſchon im Mai 1869, dieſe
Kandidatur ſei „antinational," und das Land [Frankreich] ertrüge ſie
nicht. Davon hat Benedetti allerdings Bismarck nichts geſagt, aber
ſollte dem Kanzler dieſe franzöſiſche Stimmung, der auch der franzöſiſche
Botſchafter in Madrid, Mercier de Loſtande, ſofort gegenüber Prim
Ausdruck gab, als dieſer ihm am 2. Juli 1870 die vollendete That=
ſache mitteilte, wirklich unbekannt geblieben ſein?[2] Das iſt doch un=
denkbar, zumal da er in dem Botſchaftsattaché Grafen Solms=Sonnen=
walde einen ſehr ſcharfen Beobachter in Paris hatte.[3] Er muß ſie
alſo mit in Rechnung geſtellt haben, kann auf eine friedliche Löſung
nicht unbedingt gerechnet, muß die Möglichkeit einer Exploſion in
Frankreich mit in Betracht gezogen haben, die Möglichkeit, nicht die
Notwendigkeit, vielleicht nicht einmal die Wahrſcheinlichkeit. Eben
deshalb wollten er und die Spanier Napoleon vor eine vollendete
Thatſache ſtellen, vielleicht daß der kränkliche und alternde Herrſcher
dann doch nichts wagte; eben deshalb wurde das Geheimnis, trotz des
Mißtrauens, das man in Paris ſchon im April 1870 gegen Buchers
Reiſe hegte, ſo ſtreng gewahrt, daß nicht einmal Olozaga, der ſpaniſche
Botſchafter dort, etwas davon erfuhr.[4] Aber die Gefahr eines Zu=

---

[1] Aus dem Leben König Karls von Rumänien I, 17 f. 27.
[2] Sybel VII, 240 ff. 261. Ergänzungen 59.
[3] Buſch III, 287, vergl. III, 247.
[4] Aus dem Leben Karls von Rumänien II, 70. 98.

sammenstoßes mit Frankreich mußte Bismarck, namentlich seit Gramonts Amtsantritt (15. Mai), laufen und wollte er laufen. Angesichts der werdenden Koalition und damit der steigenden Kriegsgefahr wollte er Napoleon „eine spanische Fliege in den Nacken setzen"! Man stelle sich nur vor, was geschehen wäre, wenn die Cortes nach Verabredung die Wahl Leopolds zu Anfang Juli 1870 wirklich vollzogen und dieser den Thron Spaniens wirklich bestiegen hätte. Dann war die Wirkung der Revolution von 1868, Napoleons Politik empfindlich zu lähmen, in gesteigertem Maße eingetreten, dann war Spanien, erhob der Kaiser dagegen Einsprache, mit Frankreich verfeindet um seiner natio= nalen Ehre und Selbständigkeit willen. Die Schärfe, mit der sich Bismarck noch in Versailles über die Neutralität Spaniens während des Kriegs ausgesprochen hat, läßt deutlich erkennen, welche Hoffnungen ihm hier zerstört worden waren, so wenig er auch von der Waffen= hilfe Spaniens halten mochte.[1] Kurz und gut, er wird etwa so gedacht haben: Ließ sich Napoleon den Hohenzollern auf dem spanischen Throne gefallen, dann hatte die deutsche Politik einen großen Erfolg errungen und weitere Vorteile in Aussicht; nahm er die Angelegenheit zum Anlaß eines weniger von ihm als von seiner Umgebung längst beabsichtigten Bruches, zu einem Kriegsvorwande, der den Verab= redungen mit Österreich entsprach, da er deutsche Nationalinteressen nicht berührte, so mochte in Gottes Namen der unvermeidliche Krieg ausbrechen, in einem Augenblicke, wo die Rüstung Deutschlands seit dem Mai 1870 abgeschlossen, die Koalition noch nicht fertig, die Rüstung der drei Mächte im Rückstande, die Lähmung Italiens durch einen Angriff der Aktionspartei auf Rom leicht zu bewerkstelligen, Spanien im eigensten Interesse auf Deutschlands Seite gedrängt und die freund= liche Haltung Rußlands schon wegen Polens und der Pontusfrage sicher war. Im Juli meinte Bismarck, bei einem Angriffe auf Deutsch= land könne für Frankreich ein Unterschied von 50 000 Mann darin liegen, ob es an den Pyrenäen hilfreiche, neutrale oder verdächtige Nachbarn habe,[2] und ganz offen hat er in Versailles am 12. Oktober

---

[1] Busch I, 411, vgl. Poschinger, Tischgespräche und Interviews I, 57 f., sehr gedämpft in den Gedanken und Erinnerungen II, 80.

[2] Bei Busch III, 238. 321, der dann diese Auffassung auch in seiner Schrift Bismarck und sein Werk 79 f. vertritt. Poschinger, Tischgespräche I, 57 f.

1870 zu dem Spanier Angelo de Miranda gesagt: „Ich habe am Tage nach der Kriegserklärung den Marschall Prim fragen lassen, welches Kontingent Spanien stellen würde. Es ist sehr schade, daß die Sache nicht so gekommen ist [nämlich daß Prinz Leopold nicht König von Spanien geworden ist]. Frankreich wäre dann im Norden und im Süden gefaßt worden, und wir würden zu dieser Stunde in Paris sein. Welch ein Aufschwung für Ihr schon zu lange schlummerndes Volk!" Ja der wohlunterrichtete Bucher konnte sogar mit Recht von einer „Falle" sprechen, die Bismarck mit der spanischen Thronkandidatur Napoleon („Badinguet") gestellt habe, insofern dieser sich nämlich zu einem verfrühten Losschlagen verlocken ließ.[1] Aber ablehnen muß man auch jetzt noch die französische Beschuldigung, Bismarck habe die Hohenzollernsche Kandidatur selbst aufgebracht, um Napoleon zum Kriege zu reizen; so sicher war dieser doch weder der französischen Thorheit noch des Ehrgeizes der Hohenzollern noch des Königs und des Kron= prinzen, die beide von den politischen Hintergedanken Bismarcks nichts geahnt, sondern die ganze Sache als eine rein dynastische aufgefaßt haben;[2] außerdem hat sich dieser vorher und nachher oft genug grundsätzlich gegen absichtlich heraufbeschworne „Präventivkriege" aus= gesprochen,[3] er hat im Frühjahr 1870 in der Presse entschieden die Ansicht vertreten lassen, daß ein Krieg mit Frankreich „Thorheit, wenn nicht Verbrechen" wäre, wenn man die deutsche Einheit auf friedlichem Wege erreichen könne, und daß die Wendung Napoleons

---

Man wird den Angaben des sonst etwas verdächtigen Spaniers hier um so eher trauen dürfen, als ihm diese Bemerkungen des Kanzlers nicht angenehm sein konnten. Im Widerspruch damit steht freilich die Erklärung der Hamburger Nachrichten vom 21. Februar 1895 bei Penzler VI, 22 f.: „Der Gedanke, an Spanien einen wertvollen Bundesgenossen gegen Frankreich zu gewinnen, ist dem ersten Kanzler jederzeit vollständig fremd geblieben"; aber hat sie wirklich Be= weiskraft nicht nur dem Spanier, sondern auch andern gewichtigern Zeugnissen gegenüber?

[1] Instruktion für die Presse 9. Juli bei Busch I, 37.

[2] Bucher bei Busch III, 238 f., vergl. E. Marcks, Wilhelm I., 274 f.

[3] z. B. Gedanken und Erinnerungen II, 93. Poschinger, Tischgespräche und Interviews II, 139 (von 1887). Bismarck und die Parlamentarier I, 44 (1869). II, 97 (1867). III, 284 („Nur für die Ehre des Landes, nur für seine vitalsten Interessen darf ein Krieg begonnen werden").

zum Liberalismus dafür günstig sei,[1]) er ist endlich im Sommer 1870
vom Ausbruche des Konflikts sichtlich überrascht worden, wie er ge=
legentlich auch selbst erklärt hat,[2]) sodaß man kaum berechtigt ist,
selbst bei der sehr starken Beförderung der spanischen Thronkanbi=
datur, an kriegerische Absichten auf seiner Seite von vornherein zu
glauben.

Warum hat nun Fürst Bismarck von diesen Verwicklungen eine
teils lückenhafte, teils abgeschwächte Darstellung gegeben und nicht die
Dinge so erzählt, wie sie sich jetzt jedem Unbefangnen aufbrängen?
Hat er seinen Feinden keine Waffen in die Hand geben wollen? Das
sieht ihm sehr unähnlich, schon weil es nichts geholfen hätte, und weil
diese Waffen stumpf wären. Hat er sich nicht in Widerspruch setzen
wollen mit den amtlichen Erklärungen von 1870, die immer wieder
betonen, daß die Angelegenheit niemals amtlich behandelt worden sei?
Aber man spricht doch in amtlichen Aktenstücken anders als in
Memoiren. Haben sich ihm in der Erinnerung die Thatsachen wirklich
verschoben und sind sie verblaßt, und hat er sich, weil er das endliche
Mißlingen der von ihm mit solchem Nachbruck und aus so guten
Gründen betriebnen spanischen Kanbidatur als eine persönliche Nieder=
lage empfand, allmählich und unwillkürlich ein Bild von ihnen zurecht
gelegt, das ihm die ganze Angelegenheit als nebensächlich und als un=
bebeutender zeigte, als sie in Wirklichkeit gewesen war?[3])

Das Letzte ist psychologisch um so wahrscheinlicher, als er die
Geschichte der „Emser Depesche," die nicht weniger zu Ausstellungen
und Angriffen Veranlassung gegeben hat, im zweiten Teile des
Kapitels mit lebendigster Anschaulichkeit und mit großartiger Offenheit
erzählt. Er sieht auf der Stelle, daß die Franzosen aus der spanischen
Thronkandidatur einen Kriegsfall mit Preußen schaffen wollen, da sie
dies, nicht Spanien zur Rede stellen; er findet, daß diese „inter=

---

[1]) Instruktion für Busch I, 7. 10.
[2]) z. B. 20. Januar 1888 in Friedrichsruh, wo er sagte, er fürchte für
dieses Jahr keinen Krieg, aber „fast ohne Unterbrechung" hinzusetzt: „Allerdings
habe ich das auch im Jahre 1870 geglaubt, und es kam doch anders."
[3]) Im ganzen stimmt jetzt auch E. Marcks, Fürst Bismarcks Gedanken und
Erinnerungen (Berlin 1899) S. 92 ff. besonders S. 96 Anm. biesen Aus=
führungen zu.

nationale Unverschämtheit für uns die Unmöglichkeit involvierte, auch
nur um einen Zoll breit zurückzuweichen" (S. 83), daß die Äußerung
Gramonts im Gesetzgebenden Körper am 6. Juli („Wir glauben nicht,
daß die Achtung vor den Rechten eines Nachbarvolks uns verpflichtet
zu dulden, daß eine fremde Macht einen ihrer Prinzen auf den Thron
Karls V. setze") „eine amtliche internationale Bedrohung mit der Hand
am Degengriff" gewesen sei, und daß die in diesen Tagen von der
Pariser Presse immer wiederholte Behauptung La Prusse cano „jede
Nachgiebigkeit unmöglich machte" (S. 84). Als solche betrachtet er es
schon, daß der König, durch die Königin Augusta (in Koblenz) in
friedlichem Sinne beeinflußt und zunächst (bis zum 12. Juli) allein
mit dem Geheimrat Abeken, ohne einen Minister, in Ems, Benedetti
überhaupt empfangen habe (vom 9. bis zum 12. Juli im ganzen
viermal), statt ihn, wie er in ähnlichen Fällen sonst immer gethan
hatte, kurzweg an seine Minister zu verweisen. Aber hatte dies nicht
darin seinen Grund, daß das Ministerium amtlich ja gar nichts von
der Sache wußte, da der König sie als eine reine Hausangelegenheit
behandelt hatte?[1] Auch dachte der König sachlich kaum anders als
Bismarck. Er war nachweislich über die „Insolenz" der Franzosen
kaum weniger empört als dieser und wies Benedettis Forderung, den
Prinzen Leopold zum Rücktritt zu bestimmen, rundweg ab.[2] Ganz
dieselbe Empfindung hatte Abeken. „Es thut mir ordentlich leid, sagte
er in diesen Tagen, daß unter diesen Umständen der Erbprinz von
Hohenzollern von selbst zurücktreten wird. Der einzige Ausweg, den
wir dann haben, ist, uns ihnen zum Trotz mit Süddeutschland zu
einigen, sonst ist unsre Ehre doch befleckt."[3] Bismarck, damals in
Varzin mit einer Karlsbader Brunnenkur beschäftigt, glaubte in der
That zunächst nicht, daß die Franzosen um dieser Frage willen den
Krieg provozieren würden, erwartete ihn für dieses Jahr überhaupt

---

[1] Dasselbe Urteil schon 19. Dezember 1870 bei Busch I, 546 und wieder
21. Oktober 1877, II, 485. Am ausführlichsten mit der ganzen Litteratur behandelt die Sache G. Kathlef im Bismarck-Jahrbuch III (1896) 442 ff.

[2] Sybel VII, 295. Brief an die Königin vom 13. Juli bei Onden,
Unser Heldenkaiser.

[3] H. Abeken 372.

nicht [1]) und telegraphierte ärgerlich nach Ems, man solle ihm nicht so viel Tinte in seinen Karlsbader Brunnen gießen. [2]) Doch schon am 10. Juli sagte er zu Bucher: „Die Sachen drängen in Paris zur Entscheidung. … Worauf es mir ankommt, ist, daß wir die »Ge= forderten« sind." [3]) Am 12. reist er, um auf Befehl des Königs nach Ems zu gehn, nach Berlin ab und empfängt dort am Abend bei seiner Ankunft Depeschen, daß der König mit Benedetti zu unterhandeln fortfahre; etwas später, als er mit Moltke und Roon bei Tische sitzt, trifft eine Pariser Depesche über den Rücktritt des Prinzen von Hohen= zollern ein. Im Gefühl, daß Deutschland eine schwere Demütigung, „schlimmer als die von Olmütz," erlitten, eine „französische Ohrfeige" erhalten habe, ist er entschlossen, seinen Abschied zu fordern, und bittet den Grafen Eulenburg, statt seiner nach Ems zu fahren, empfindet aber schon damals den Krieg „als eine Notwendigkeit, der wir mit Ehren nicht mehr ausweichen konnten," obwohl „wir … als Händel= sucher erscheinen würden, wenn wir [jetzt noch] zum Kriege schritten, durch den allein wir den Flecken abwaschen könnten." In dieser Stimmung lädt er Moltke und Roon für den 13. Juli zu Tische. Aus seiner Verlegenheit befreien ihn die Franzosen durch das An= sinnen Gramonts an Werther am 12. Juli, der noch an demselben Tage nach Ems und Berlin telegraphierte, und die Forderung Bene= dettis an den König am Morgen des 13. Juli, der eben aus Abekens Hand ein Extrablatt der Kölnischen Zeitung mit einer Pariser Depesche vom Nachmittage des 12. über den Rücktritt Leopolds erhalten hat. [4]) Als Abekens chiffrierte Depesche aus Ems von 3ʰ 50 nachmittags um 6ʰ 9 in Berlin eintrifft, sitzt Bismarck mit Moltke und Roon wieder bei Tische, beide hören „niedergeschlagen" das inzwischen entzifferte Telegramm, das ihnen Bismarck vorliest. Dem aber geht in diesen weltgeschichtlichen Minuten, als Moltke die volle Kriegsbereitschaft des

---

[1]) Vergl. z. B. den vertraulichen Brief an Roon vom 7. Juni 1870 vor der Abreise nach Varzin. Roon, Denkwürdigkeiten III⁴, 164 und oben.

[2]) Abeken 371. Er bekam damals so viele Depeschen, daß Bucher „den halben Tag bechiffrierte," und schließlich selbst Bismarck und seine Tochter, Gräfin Marie, mit helfen mußten. Poschinger, Tischgespräche II, 47.

[3]) a. a. O. 47.

[4]) Abeken 375.

deutschen Heeres versichert hat, eine Fülle von Erwägungen durch das
Haupt: die unerwartet gebotne Möglichkeit, die frühere Demütigung
jetzt wettzumachen, der höchst ungünstige Eindruck, ben das Zurück=
weichen vor dieser abermaligen Herausforderung auf Südbeutschland
machen müsse, nachdem es seit 1866 auf die Kraft Preußens hat ver=
trauen lernen, die einigende Wirkung eines großen nationalen Krieges
auf die Südbeutschen und die neuen preußischen Provinzen, also zugleich
die Notwendigkeit und die fortreißende Kraft eines Krieges, und in
dieser Erkenntnis benutzt er die Ermächtigung des Königs zur Ver=
öffentlichung der Depesche und macht aus der „Chamade" eine „Fanfare,"
die Worte des Textes nicht verändernd, sondern nur in einer Form
kürzend, „die diese Kundgebung [die Abweisung Benedettis] als eine
abschließende erscheinen ließ, während die Redaktion Abekens nur als
ein Bruchstück einer schwebenden und in Berlin fortzusetzenden Ver=
handlung erschienen sein würde." Er thut das mit dem klaren Be=
wußtsein, daß die Depesche „nicht nur wegen des Inhalts, sondern
auch wegen der Art der Verbreitung [durch Mitteilung an die Ge=
sandten des Norbbeutschen Bundes und Preußens, an die noch in der
Nacht telegraphiert wurde[1])] ben Eindruck des roten Tuchs auf den
gallischen Stier machen," also ben Krieg herbeiführen werde, und er
sagt zu seinen beiden Gästen rundweg: „Schlagen müssen wir, wenn
wir nicht die Rolle des Geschlagnen ohne Kampf auf uns nehmen
wollen."[2]) Er hat diesen Kampf in diesem Augenblicke gewollt, noch

---

[1]) Nämlich am 13. Juli 11,15 abends an die Gesandten in Dresden,
München, Stuttgart, Karlsruhe und Hamburg, am 14. Juli früh 2,13 an die
in London, St. Petersburg, Florenz, Brüssel, Haag, Wien, Bern und Konstanti=
nopel. Graf Caprivi im Reichstage 23. November 1892 bei Penzler IV, 247.

[2]) Die sehr sorgfältig abgewogene Erzählung Bismarcks über den 13. Juli
1870 hat manche Vorläufer gehabt, doch kommt keine andre dieser letzten
Redaktion gleich. Der Zeit nach steht dem Vorgange am nächsten der Bericht bei
Busch I, 546 f. vom 19. Dezember 1870, vergl. die kurze Bemerkung am 4. Ok=
tober, I, 258; diesem sehr ähnlich ist die Erzählung vom 21. Oktober 1877, II,
485, wiederholt in der kleinen Schrift Bismarck und sein Werk: 89 ff., ausführ=
licher, aber nicht ohne manche Irrtümer im einzelnen eine andre, die von einem
Parlamentarier sofort nach der Unterhaltung im Reichskanzlerpalais aufgezeichnet,
aber erst am 21. November 1892 in der Neuen Freien Presse veröffentlicht
worden ist, f. Poschinger, Bismarck und die Parlamentarier II, 128 ff. Busch,
Bismarck und sein Werk 91 ff. Den Preßlärm über die „Fälschung" der Emser

mehr, er hat ihn herbeigeführt, die Thorheit der Franzosen benutzend, den Stich, den sie gegen die deutsche Ehre führen wollten, mit wuchtigem Hiebe erwidernd, Herausforderung gegen Herausforderung setzend.

Mit dieser klassischen Erzählung schlägt er alle die gutgemeinten abschwächenden Versuche, seine Absicht bei der Redaktion der Depesche sei eigentlich harmlos, nicht darauf berechnet gewesen, eine „Explosion" herbeizuführen, und das Bestreben, wie ein geistreicher Franzose boshaft aber treffend gesagt hat, hier wie anderwärts aus einem furchtbaren Königstiger eine harmlose Hauskatze zu machen, also vor allen Sybels Darstellung in Scherben.[1] Wer dieses Verfahren „peinlich" empfindet, als eine Abweichung von der Wahrheit, wohl gar als eine „Fälschung," als ein Unrecht gegen den Feind [diesen Feind!] empfindet, wie z. B. Rathlef,[2] der hat von den schweren Pflichtenkonflikten, durch die jeder große Staatsmann gehn muß und zumal der Erneuerer unsers Reichs gehn mußte, gar keine Ahnung. Ein andres war es, die Gelegenheit zu einem Kriege herbeizuführen, ein andres, die gebotne Gelegenheit zur unvermeidlichen Entscheidung zu benutzen. Verwegen war das Spiel, das Bismarck spielte, aber er nahm die ungeheure Verant= wortung allein auf sich um des Vaterlandes willen, um Deutschland die drohende Gefahr eines Koalitionskrieges auf drei Fronten zu er= sparen. Es war eine ebenso kühne und geniale, wie patriotische That. Nicht ihn trifft die Schuld, daß der Krieg entbrannte, sondern aus= schließlich die französische Politik, denn der wirkliche Grund zum Kriege lag weder in der spanischen Königswahl, noch in der Abweisung Benedettis, sondern allein in der unerträglichen Anmaßung der Fran= zosen, die deutsche Einheit verhindern zu wollen.

Depesche rief erst eine Bemerkung Bismarcks gegenüber Max Harden im Oktober 1892 hervor (Änderungen des Sinnes durch Streichungen), s. Penzler IV, 187 ff. 220 ff. 228 ff.; er veranlaßte dann die Rede Caprivis mit der Veröffentlichung des Abekenschen Telegramms am 23. November, s. Penzler IV, 244 ff. Merk= würdig ist, daß Bismarck seine Unterredung mit dem britischen Botschafter, Lord Loftus, am 13. Juli (vor dem Eintreffen der Emser Depesche), wo er die Absicht aussprach, Genugthuung für die drohenden Reden Gramonts zu fordern, nicht erwähnt, s. Sybel VII, 326 f., vergl. Erläuterungen 65 ff.

[1] Vor allem in den Erläuterungen 68 f.
[2] Bismarck-Jahrbuch III, 456 f.

3. Versailles

ie vier Abschnitte dieses Kapitels behandeln den Gegensatz zwischen
Bismarck und der Heeresleitung, genauer genommen dem Generalstabe während des Feldzugs von 1870/71, die Frage der Beschießung
von Paris und die Gefahr fremder Intervention, endlich die Erneuerung
des Kaiserreichs. Der Fürst hat also einige Gruppen von Ereignissen,
bei denen er hervorragend beteiligt gewesen ist, herausgegriffen, aber
gänzlich darauf verzichtet, auch nur die politische Geschichte des Krieges
im Zusammenhange zu geben. Die Thatsachen des ersten Abschnitts
lassen sich aus der sonstigen Überlieferung lediglich bestätigen, hier und
da auch ergänzen. Die „Verstimmung" zwischen Bismarck und den
sogenannten „Halbgöttern," den höhern Generalstabsoffizieren unter
Moltke, datierte vom böhmischen Kriege her, wo Bismarck am 30. Juni
in Reichenberg gegen die mangelhaften Sicherheitsvorkehrungen zum
Schutze des Königs Bedenken geäußert und am 12. Juli im Kriegsrat
von Czernahora bei Brünn den Beschluß, auf Preßburg abzubiegen
statt geradeswegs auf Wien loszugehn, durchgesetzt, später den Einzug
in Wien verhindert hatte (G. u. E. II, 32. 357 ff.). Den ersten Vor-
fall hat er auch sonst gelegentlich mit Behagen erzählt.[1] Die „Halb-
götter" vergalten ihm diese Einmischung in ihr „Ressort" 1870 mit

---

[1] So am 30. Oktober 1892, Poschinger, Tischgespräche usw. I, 226. Als
der Fürst diese Geschichte an der Frühstückstafel höchst lebendig erzählte, stiegen
mir gleich leise Zweifel an der objektiven Richtigkeit der Angabe auf, es hätten
in Leitmeritz damals noch sechs österreichische und sächsische Reiterregimenter gestanden, die in vier Stunden von dort nach Reichenberg hätten reiten können (70 km
in der Luftlinie). Thatsächlich stand am 30. Juni kein Pferdehuf von feindlicher
Kavallerie bei Leitmeritz. Vgl. jetzt M. Lenz im Juliheft der Deutschen Rundschau S. 111.

einer Art von militärischem Boykott, eine Absicht, von der Bismarck schon auf der Fahrt nach Mainz (31. Juli bis 2. August) aus Podbielskis Munde unfreiwillig und unbemerkt erfuhr; sie schlossen ihn von dem täglichen „Generalsvortrage," den Laien Kriegsrat zu nennen pflegten, aus und machten ihm diese Feindseligkeiten, wie er annahm, „bis in das Gebiet der Naturalverpflegung und Einquartierung fühlbar." Über diesen Punkt beschwerte er sich schon am 10. August in einem amtlichen Schreiben an Roon, aber die Klagen dauerten auch in Versailles fort und veranlaßten ihn einmal, am 22. November, zu der kräftigen Äußerung: „Es ist die reine Flegelei, die Art, wie man gegen mich verfährt."[1] Auch dort wurde bis gegen das Ende hin alles Militärische sorgfältig vor ihm geheim gehalten, sodaß „die unbeschäftigten hohen Herren" im Hotel des Réservoirs, ja sogar der englische Korrespondent Russell mehr davon wußten als der Bundeskanzler, und dieser sich nur durch vertrauliche Beziehungen zu einigen von ihnen die ihm unentbehrliche Kenntnis verschaffen konnte. Die Klagen darüber wiederholen sich in vertraulichem Kreise während des ganzen Versailler Winters, so z. B. am 10. Oktober, 16. und 24. November.[2] Erst „nach langer Bettelei" wurden ihm wenigstens die Sachen geschickt, die den deutschen Zeitungen telegraphiert wurden;[3] dagegen hatte eine Vorstellung des ihm befreundeten Grafen Eberhard Stolberg beim König gegen „die Unzuträglichkeiten der Ausschließung seines verantwortlichen politischen Ratgebers" [vom Generalsvortrag] keinen Erfolg (G. u. E. II, 95). Der Gegensatz verschärfte sich wohl noch durch die Verhandlungen über die Kapitulation von Metz, die Bismarck benützen wollte, um zu einer politischen Verständigung zu kommen, die Militärs dagegen von rein militärischem Standpunkte aus ansahen.[4] Erst im Januar 1871 brachte eine Eingabe beim König mit der Bitte, ihm die Telegramme des Generalstabs vor der Absendung nach Berlin vorzulegen, da sie auch von politischer Wichtigkeit sein könnten, und zu

---

[1] Poschinger, Bismarckportefeuille II, 189 f. Busch, Tagebuchblätter I, 421.

[2] Tagebuch des Kronprinzen vom 10. Oktober, Deutsche Rundschau 1888, Oktoberheft. Busch I, 408. 429.

[3] Busch I, 408.

[4] Busch I, 294 f. 298 f. Verdy du Vernois, Im großen Hauptquartier 1870/71, 214.

befehlen, daß er ausführlichere Kenntnis von den militärischen Vorgängen erhalte, einige Abhilfe; ja der König teilte ihm am 12. Januar noch abends elf Uhr das Telegramm über den Sieg bei Lemans
in eigenhändiger Abschrift mit.[1) Endlich, als Jules Favre die Ka-
pitulationsverhandlungen begann, wurde Bismarck auch zum Generalsvortrage zugezogen,[2]) wobei nun freilich „das Mißverhältnis zwischen
dem Reichskanzleramte und dem Generalstabe des Oberkommandos wieder
schärfer hervortrat"; ja Bismarck klagte jetzt seinerseits über „das er-
obernde Eindringen der Soldaten in die Zivilgeschäfte."[3])

Dies dauerte bis zum Präliminarfrieden von Versailles, wobei
die Militärs wohl auch besonders deshalb grollten, weil der von ihnen
wie vom Kaiser Wilhelm selbst dringend gewünschte feierliche Einzug
in Paris vereitelt worden war.[4]) Erschwert wurde das Einvernehmen
zwischen beiden „Ressorts" offenbar noch dadurch, daß ein ähnlicher
Streit auch zwischen dem Generalstabe und dem Kriegsministerium bestand, und daß dessen Vertreter Roon nicht nur mit Bismarck befreundet war, sondern auch in wichtigen Fragen seine Partei, nicht die
des Generalstabs, ergriff. Denn während Moltke dem Generalstabschef
allein die militärische Beratung des königlichen Kriegsherrn vorbehalten,
den Kriegsminister auf die Aufstellung und Ausrüstung der Armee
beschränkt und deshalb während eines Krieges nicht von Berlin entfernt wissen wollte, betonte Roon die Mitverantwortlichkeit des Kriegs-
ministers bei allen militärischen Beschlüssen, also die Notwendigkeit
seiner Anwesenheit im Hauptquartier.[5])

Wenn Bismarck so entschieden auf seiner Mitwirkung an wichtigen
militärischen Entschlüssen bestand, so that er das, weil er Krieg und
Politik für untrennbar, den Krieg nur für ein Mittel zu politischen
Zwecken hielt, die daher natürlich als die an sich höhern auch die
Kriegführung bestimmen müßten (G. u. E. II, 96). Indem Wilhelm

[1]) Busch II, 20. 34. 40.
[2]) Schneider III, 170.
[3]) Schneider 173. Roon, Denkwürdigkeiten III⁴, 291. Bismarckbriefe
(vom 4. Januar) 464.
[4]) Abeken 523. Schneider III, 188. 196. 198 f.
[5]) Moltke, Geschichte des deutsch-französischen Kriegs 423 A., dagegen Graf
Waldemar von Roon in Roons Denkwürdigkeiten III⁴, 499 ff.

von Blume, damals Major im Großen Generalstabe, zuletzt komman=
bierender General des XV. Armeekorps in Straßburg, diese Auffassung
grundsätzlich anerkennt, sucht er doch nachzuweisen, daß der Bundes=
kanzler 1870/71 aus rein sachlichen Gründen nicht zum Generals=
vortrage zugezogen worden sei, weil die Gerechtigkeit verlangt habe,
daß dann die Militärs umgekehrt auch bei politischen Entschlüssen ge=
hört worden wären, weil die politischen Verhältnisse 1870 einfacher
gelegen hätten als 1866, wo sie beständig auf die Kriegführung hätten
einwirken müssen, und weil endlich auch der König wohl befürchtet
habe, Bismarcks übermächtige Persönlichkeit werde im Kriegsrat selbst
den Generalstabschef in den Hintergrund drängen. Bismarcks Ver=
stimmung über seine Ausschließung will er nicht nur aus der Er=
innerung von 1866 erklären, sondern auch daraus, daß sein „Thätig=
keitsdrang" 1870 nicht voll befriedigt worden sei.[1] Der verdiente
General wird für diese Ausführung nicht durchweg Glauben finden. Bis=
marcks politischer „Thätigkeitsdrang" fand auch 1870/71 vollauf Genüge
in den schwierigsten Verhandlungen mit den Franzosen, den süddeutschen
Staaten und den interventionslustigen fremden Mächten, so sehr Ge=
nüge, daß er oft über Mangel an Zeit klagte und seine Umgebung,
indem sie seine ungeheure Arbeitskraft bewunderte, häufig um sein
Befinden sehr besorgt war.[2] Und was er verlangte, das war ja gar
nicht die regelmäßige Teilnahme am Generalsvortrage, wozu er nicht
einmal die Zeit gehabt hätte, sondern nur die genaue, amtliche Kenntnis
der militärischen Ereignisse, um gelegentlich seine politischen Anschauungen
bei den zu fassenden Beschlüssen zur Geltung bringen zu können. Ihm
diese Kenntnis zu versagen, dafür kann es keine sachlichen Gründe ge=
geben haben, das verschuldete lediglich die Ressorteifersucht des General=
stabs, nicht Moltkes selbst, und die Berechtigung der Beschwerden Bis=
marcks darüber hat ja auch der König anerkannt, indem er sie schließlich
abstellte. Schlimme Folgen hat einzig und allein der König verhütet,
denn er und nur er vereinigte in seiner Hand die politische und die
militärische Oberleitung, er allein übersah alle diese verwickelten Be=

---

[1] von Blume, Die Beschießung von Paris 1870/71 und die Ursachen ihrer
Verzögerung (1899) 12 ff.
[2] Abeken 433 (vom 20. Oktober). Busch I, 306.

ziehungen, er allein konnte also beurteilen, wie beides aufeinander einwirken mußte, und behielt sich die letzte Entscheidung in Politik und
Kriegführung in jedem Falle vor.

Auf dem Grunde dieser Gegensätze erwuchs der harte Kampf um
die Frage, wie der Angriff auf Paris durchzuführen sei. Ihn behandelt der zweite und der dritte Abschnitt des Kapitels, ein zuweilen
etwas weitschweifiges Stück ohne recht präzisen Gedankengang, nicht
ohne mannigfache Wiederholungen und Abschweifungen, das offenbar
nicht in einem Zuge entstanden, sondern aus einzelnen, zu verschiednen
Zeiten niedergeschriebnen Diktaten des Fürsten nachträglich zusammen-
geschweißt worden ist. Militärische und politische Gründe, so führt er
aus, empfahlen gleichmäßig eine rasche Entscheidung vor Paris, also
die Beschießung der Stadt, nicht die langsame Aushungerung. An
sich schon war die Lage des schwachen deutschen Einschließungsheeres
zwischen der von viel stärkern Truppenmassen verteidigten Riesenfestung,
deren schweren Geschützen es dazu nur Feldartillerie entgegenzusetzen
hatte, und den fortwährend wachsenden französischen Provinzialheeren
sehr ungünstig. Sodann erblaßte der Glanz der deutschen Erfolge
bei der langen, thaten- und entscheidungslosen Zögerung vor Paris,
und das konnte die neutralen Mächte zur Einmischung reizen, die den
Deutschen den Siegespreis verkümmern und die Vollendung der
deutschen Einheit verhindern konnte. Eine solche Einmischung war zunächst von Italien und Österreich her zu befürchten, aber auch Rußland war man keineswegs ganz sicher, denn hier war Alexander II.
der deutschen Sache freundlich, Gortschakow aber ihr feindlich und bestrebt, Deutschland und Rußland von einander zu trennen, wie er das
später auf dem Berliner Kongreß 1878 bewiesen hat. So bot sich
die Pontusfrage als „eine Gunst des Schicksals," um Rußland einen
für Deutschland unschädlichen Dienst zu erweisen, wobei der russische
Militärbevollmächtigte Graf Kutusow und der Großherzog von Weimar
die Verbindung mit dem russischen Hofe vermittelten. Von England
vollends war nichts als Mißgunst zu erwarten. Wenn somit alle
sachlichen Gründe für die Beschleunigung der Einnahme von Paris
durch „Beschießung" rieten, so konnten die Generale gegen eine solche
keine Einwendungen erheben, konnten nicht anders denken als Roon,
der hier ganz mit Bismarck übereinstimmte. Was dagegen geltend

gemacht wurde, das waren also Scheingründe oder selbstbereitete Hindernisse, die Verlangsamung der artilleristischen Eisenbahntransporte durch Lebensmitteltransporte für Paris, für den Fall, daß dieses durch Aushungerung bezwungen werde, und die Zögerung in der nötigen Beschaffung eines leistungsfähigen deutschen Fuhrparks für die Anfuhr der Geschützmunition. Der wahre Grund lag in einer falschen Humanität, die der Beschießung dieses „Mekka der Zivilisation" die Aushungerung durch Einschließung vorzog und vor allem von fürstlichen Damen in Deutschland und England beim Kronprinzen vertreten wurde. Als jene Scheingründe durch Bismarcks und Roons Energie endlich beseitigt worden waren, wurden die Vorbereitungen zur Beschießung sehr rasch beendigt, und der Erfolg blieb nicht aus.

Diese Darstellung wird nun durch eine Fülle von gleichzeitigen, also nicht in der Rückerinnerung gefärbten Äußerungen teils bestätigt, teils erläutert, aber in einigen Punkten auch berichtigt. Von der einen Seite sind Bismarcks Meinungen und Urteile in den Tagebüchern von Busch, die sich hier wieder als eine der allerwichtigsten Geschichtsquellen erweisen, fast Woche für Woche, zuweilen Tag für Tag zu verfolgen und Roons Anschauungen aus seinen Briefen urkundlich festzustellen. Von der andern haben wir das Kriegstagebuch des Kronprinzen, die amtlichen Schriftstücke Moltkes und Blumenthals, die Aufzeichnungen Verdys und Blumes; auch Schneider, der Vorleser, und Wilmowski, der Kabinettsrat des Königs, bieten hier und da Wertvolles, namentlich über die persönliche Stellung ihres Herrn.

Zur Bezwingung von Paris kamen an sich drei Mittel in Betracht: die Aushungerung der Stadt durch Einschließung, die Beschießung und der regelmäßige gewaltsame Angriff auf eine oder mehrere Fronten der Festungswerke, also die förmliche Belagerung, die ganz etwas andres war als die Beschießung, mit der sie doch oft zusammengeworfen worden ist.

Bismarck selbst war, wenn man nicht sofort am 19. September einen Sturmangriff wagen wollte, der im Augenblick der ersten Verwirrung vielleicht nicht ohne Aussicht gewesen wäre, überhaupt nicht dafür, Paris einzuschließen, sondern für die möglichst rasche Vernichtung der sich damals erst langsam bildenden Provinzialheere, um im Hinblick auf die sonst drohende Einmischung der Neutralen möglichst bald ben Frieden zu erzwingen.¹) Sehr lebhaft äußerte er dann seinen Unmut, daß ganz anders verfahren wurde, und verwahrte sich mehrfach dagegen, daß etwa er daran schuld sei.²) Die Schuld schrieb er auch nicht dem Könige zu, der vielmehr den artilleristischen Angriff befohlen habe,³) sondern den Militärs. Noch in Ferrières hätten sie den gewaltsamen Angriff auf die Südfront gewollt und für aussichtsvoll gehalten; erst vor Paris sei der Gedanke aufgekommen, nicht zu schießen, obwohl ein Beschluß derart niemals gefaßt worden sei, sondern man erkläre jetzt nur, warten zu wollen, bis alles bereit sei.⁴) Übrigens dachte er bei der „Beschießung" vor allem auch an ein Bombardement der Stadt selbst, wie bei Straßburg.⁵)

Wie gut Bismarck hier unterrichtet war, läßt sich jetzt bis ins einzelne nachweisen. Schon in den ersten Tagen des Vormarsches auf Paris wurden die ersten Maßregeln zum gewaltsamen Angriff auf die Hauptstadt getroffen, also zu einer Zeit, wo Toul die einzige zur Verfügung stehende Bahnlinie noch sperrte. Schon von Reims aus ordnete Moltke am 8. September auf Befehl des Königs die „schleunige Heranführung der erforderlichen Festungsartillerie" an, da „voraussichtlich zwischen dem 25. und 30. d. M. der ernsthafte Angriff auf Paris beginnen wird"; von Ferrières aus befahl er am 23. September nach dem Falle von Toul telegraphisch dem Oberkommando der III. Armee die bisher dort verwandten schweren Geschütze mit Bahn bis Nanteuil östlich von Meaux zu bringen, dann mit requirierten Geschirren bis vor Paris.⁶) „Die Ausladung und der weitere Landtransport des per Bahn bis Nanteuil f. Marne heranzuführenden schweren Belagerungsgeschützes auf Paris" sollte am 28. September beginnen, den Anfang der Beschießung erwartete Moltke damals (am

¹) Busch I, 274 (7. Oktober), 424 (23. November), 441 (28. November).
²) Busch I, 350 (4. November), 365 f. (7. November).
³) Busch I, 415 (20. November), vgl. 493.
⁴) „Der Generalstab behauptete, daß sie ein paar Forts (Issy und Vanves) in drei Tagen zusammenschießen und dann gegen die schwache Enceinte vorgehn könnten," Busch I, 454 (30. November), 463 (1. Dezember), 511 (12. Dezember).
⁵) Busch I, 441.
⁶) Moltke an Roon Reims 8. September, Moltkes Militärische Korrespondenz III, 2, Nr. 267 an das Oberkommando der III. Armee in Versailles 23. September, a. a. O. Nr. 292.

27. September) „kaum vor Ende dieser Woche," also um den 1. Ok=
tober, und er sollte mit der Verlegung des königlichen Hauptquartiers
nach Versailles oder St. Germain=en=Laye zusammenfallen. In der
That ging der erste Geschütztransport am 27. früh von Nancy nach
Nanteuil ab mit der Bestimmung gegen die Forts Issy und Vanves.[1]
Ebenso wurde noch in Ferrières nach einem Gutachten der Generale
von Hinderfin und von Kleist vom 30. September, die dafür am
2. Oktober 420 Belagerungsgeschütze verlangten, der Hauptangriff auf
die Südwestfront und ein Nebenangriff auf die Nordostfront (St. Dénis)
beschlossen, sobald ausreichende Mittel vorhanden seien, was man jetzt
erst für „die ersten Tage des Dezember" erwartete.[2] Soviel steht
also fest: im Anfang hegte die deutsche Heeresleitung die Absicht, Paris
möglichst bald durch einen gewaltsamen Angriff zu bezwingen, keines=
wegs durch bloße Einschließung und Aushungerung und noch weniger
durch eine bloße „Beschließung" der Stadt. Dafür wurden die Vor=
bereitungen so eifrig gefördert, daß schon Ende Oktober 235 Belage=
rungsgeschütze, also gewiß eine genügende Anzahl, um wenigstens den
Angriff auf die Südwestfront zu beginnen, bei Villa Coublay (5 Kilo=
meter östlich von Versailles) bereit standen und mit dem Bau von Be=
lagerungsbatterien begonnen worden war.[3] Nur an der nötigen
Munition fehlte es noch. Woher kam also dann die Verzögerung in
deren Anfuhr und damit im Beginn der förmlichen Belagerung?

Bismarck hat damals wie später rundweg gesagt: Die Generale,
namentlich Stosch, Tresckow und Podbielski verzögerten diese absichtlich
aus Rücksicht auf den Kronprinzen, machten daher Schwierigkeiten aller
Art, verlangten namentlich viel mehr Munition, als thatsächlich nötig
sei, täglich neunzig Wagen, gerade wie vor Straßburg, wo man schließ=
lich zwei Drittel der herbeigeschafften Munition übrig behalten habe,
„und Straßburg war gegen Paris ein Gibraltar." Denn der Kron=
prinz wolle keine Beschießung, weil sie inhuman sei, sondern die Aus=

---

[1] Moltke an Stiehle 27. September, an Blumenthal von demselben Tage,
Militärische Korrespondenz III, 2, Nr. 297. 298.

[2] Moltke an den König 22. Dezember, a. a. O. Nr. 521. Vgl. Generalstabswerk II, 1, 190 f. Dazu Wilmowski, Feldbriefe 74 f. Der König an Moltke
28. November a. a. O. S. 413.

[3] Generalstabswerk II, 2, 767. II, 1, 191.

hungerung.[1]) Über die fürstlichen Damen, die den Kronprinzen in dieser Richtung zu beeinflussen suchten, hat er sich in Versailles gegen= über seiner Umgebung natürlich viel rückhaltloser ausgesprochen als in den Gedanken und Erinnerungen zwanzig Jahre nachher. „Mehrere Königinnen" seien es, also neben Königin Viktoria von England auch Königin Augusta, die, ihrerseits wieder von Dupanloup (Bischof von Orleans) beeinflußt, auf ihren Gemahl zu wirken suche, dann die Kron= prinzessin.[2]) An solche Einwirkungen glaubte man ebenso gut in der Armee vor Paris wie in Berlin, und Bismarck trug kein Bedenken, sie in der Presse energisch bekämpfen zu lassen.[3]) Roon sprach die= selbe Meinung in seinen Briefen zwar nicht offen aus; teilte sie aber, und selbst der sehr zurückhaltende Abeken deutete gelegentlich dasselbe an.[4]) Auf dieselben Einflüsse führte es Bismarck zurück, wenn zu Anfang Dezember die Rede davon war, zwischen den deutschen Linien Magazine für die Verpflegung der ausgehungerten Pariser nach der Übergabe anzulegen.[5]) Daß solche „humanen" Einwirkungen versucht worden sind, kann nach diesen Angaben der am besten unterrichteten Zeugen gar keinem Zweifel unterworfen sein.

Was sie nun aber auch ausgerichtet haben mögen, Bismarck hat doch zunächst zweierlei unterschätzt. Zuerst die Unmöglichkeit einer wirksamen Beschießung, wie er sie vor allem im Auge hatte, bei einer Riesenstadt wie Paris, einer Ellipse von 11 zu 9 Kilometer Durch= messer, von der die deutschen Batterien, da sie von den Forts noch 2500 bis 3000 Meter entfernt bleiben mußten und höchstens 7500 Meter weit trugen, nur einen schmalen Randstreifen der Stadt

---

[1]) Busch I, 366 f. (7. November), 415 (20. November), 440 (28. No= vember).

[2]) Busch I, 424 (23. November), 430 (25. November), 439. 443. (28. No= vember), 463 (1. Dezember), 473 (4. Dezember).

[3]) Busch I, 442 f. (28. November).

[4]) Roon, 28. November, Denkwürdigkeiten III⁴, 257: „Wenn doch die sonst so vorlaute Presse einmal diese Unthätigkeit und Faulheit tüchtig geißeln möchte! Aber ihr wißt nicht, wer dahinter steckt!" Abeken S. 461 vom 7. Dezember: „Was die Beschießung verhindert, darüber wäre viel zu sagen, aber nicht zu schreiben. Neben den militärischen Gründen, deren Stichhaltigkeit und Aufrichtig= keit ich nicht beurteilen kann, mögen noch andre Einflüsse mitwirken."

[5]) Busch I, 473 (4. Dezember).

überhaupt bestreichen konnten, noch ganz abgesehen davon, daß sich ein solches Bombardement z. B. schon bei Straßburg als unwirksames Mittel erwiesen hatte. Sobann die Schwierigkeiten, die sich ben artilleristischen Transporten, vor allem der Anfuhr ber Munition, in ber That entgegenstellten. Auch nachbem bie einzige zur Verfügung stehende Eisenbahnlinie von Nancy her mit der Übergabe von Toul am 23. September freigeworden war, mußte sie alle Ersatzmannschaften und zum größten Teil auch die Lebensmittel für die Armee vor Paris, oft genug sogar große Truppenteile, nach der Einnahme von Straßburg Anfang Oktober die ganze Garbelanbwehrbivision, nach ber Kapitulation von Metz zu Anfang November fast das gesamte II. Armeekorps bis Paris beförbern; erst am 21. November, als auch Soissons gefallen war, kam für die Maasarmee eine Zweiglinie von Reims über Soissons nach Mitry (nörblich von Paris) hinzu.[1]) Aber auch jene Eisenbahn enbete zuerst bei Nanteuil s. Marne, fast 100 Kilometer, bann bei Lagny, immer noch 50 Kilometer von ber beutschen Einschließungslinie entfernt, und auf bieser ganzen Strecke mußten auf balb grünblich zerfahrnen Wegen über Marne und Seine hinweg sowohl Geschütze als Munition mit Geschirr beförbert werden. Dafür reichten weber die bei ben Fuhrparks ber Armee entbehrlichen Gespanne aus, noch waren bazu die lanbesüblichen zweiräbrigen Karren überhaupt brauchbar. Denn es handelte sich schon bei der ersten Munitionsrate für 300 schwere Geschütze und für die ersten zehn Tage ber Belagerung um eine Last von etwa 50000 (ober gar 100000) Zentnern Munition, 500 Schuß auf das Geschütz gerechnet. Die Eisenbahn bewältigte diese Transporte, sobaß um Mitte November die ganze erste Munitionsrate bei Nanteuil aufgehäuft lag, aber bort blieb sie auch, weil jene Schwierigkeiten nicht überwältigt wurden.[2])

---

[1]) Blume, Beschießung von Paris 31 f. 39. Moltke, Militärische Korrespondenz III, 2, Nr. 300 (Befehl vom 28. September). Nr. 336. 359. 360 (Befehle vom 23. Oktober und 1. November). Geschichte bes beutsch-französischen Krieges 138 (über die Schwierigkeiten ber Verpflegung). Brief vom 11. Oktober, Briefe II, 168.

[2]) Blume, Beschießung von Paris 41 ff. und bie Berichte vom 29. und 30. November 66 ff. als Anlage zu Nr. 454. Moltke, Geschichte des beutsch-französischen Krieges 262 f.

Abgesehen · von der Unterschätzung dieser technischen Gründe hat Bismarck auch wohl übersehen, daß ein scharfer rein sachlicher Gegensatz der Anschauungen innerhalb der leitenden Kreise über die gegen Paris zu verwendenden Angriffsmittel bestand. Die eine Meinung war für den möglichst raschen Beginn des Artillerieangriffs auf die Forts, und von diesem Standpunkte aus sind die grundlegenden Beschlüsse in Ferrières gefaßt worden. Die andre erwartete, von der Ansicht aus= gehend, daß Paris nicht für so gar lange mit Lebensmitteln versehen, auch das Besatzungsheer ohne strenge Disziplin und die provisorische Re= gierung ohne festen Halt sei, die Stadt also rasch zur Übergabe kommen werde, den Erfolg von der Einschließung und betrachtete die Belage= rung oder gar die Beschießung der Stadt nur als letztes Mittel, von dessen Anwendung sie obendrein nicht viel hoffte; sie wollte aus diesem Grunde jedenfalls nicht eher damit beginnen, als bis genug Munition da sei, um dann mit vollem Nachdruck auftreten zu können und nicht etwa aus Mangel an Material wieder aufhören zu müssen. Der ersten Ansicht war unbedingt Roon; Moltke hat zwar die Befehle zur Ein= leitung des gewaltsamen Angriffs in Ferrières gegeben, aber er scheint im Grunde auf dem zweiten Standpunkte gestanden zu haben, denn in seinem „Promemoria" für den König vom 30. November[1] sagt er: „Letztere [die Beschießung der Südforts] ist überhaupt immer nur als das äußerste Mittel zur Bezwingung des Widerstands angesehen worden. Als ein wenn auch langsamer wirkendes, aber sicher zum Ziele führendes Mittel mußte zunächst die enge Einschließung und Aus= hungerung betrachtet werden. Da die Entscheidung des Feldzugs nicht hier, sondern darin liegt, daß die noch im freien Felde operierenden feindlichen Armeen geschlagen werden,[2] dürfte es sich auch nicht em-

---

[1] Militärische Korrespondenz III, 2, Nr. 454. Vergl. Generalstabswerk II, 1. 49 ff.

[2] Also ganz Bismarcks Ansicht! Moltke glaubte lange nicht an die aus= bauernde Widerstandskraft von Paris, s. die Briefe an Stiehle vom 12. und 21. September und 9. Oktober, an seinen Bruder Fritz vom 11. September: „Eigentlich müßte der Krieg aus sein," an seine Schwester Auguste 16. Sep= tember: „Ich hoffe auf einen baldigen Frieden ohne neues großes Blutvergießen." Am 27. November erwartete er die Kapitulation von Paris „möglicherweise schon in den nächsten Tagen." Militärische Korrespondenz III, 2, Nr. 272. 287. 319. 430. Briefe II, 94. III, 484. Das war ein sehr verzeihlicher Irrtum, denn

pfehlen, über die Beschießung der Forts hinaus die eigentliche förm=
liche Belagerung vorzubereiten, welche bedeutende Opfer an Menschen
erfordern würde." Überhaupt würde ein artilleristischer Angriff „in
der Hauptsache wenig entscheiden." Kurz zuvor soll Moltke geäußert
haben, „es sei der dümmste Streich in diesem Kriege, daß man über=
haupt Belagerungsgeschütze nach Paris habe transportieren lassen."
Natürlich teilte der Generalstab die Meinung seines Chefs. Verdy
du Vernois hat noch am 14. Dezember in diesem Sinne eine Denk=
schrift ausgearbeitet, in der er ausführte, daß „bei den allgemeinen
Kriegsverhältnissen überhaupt eine regelrechte Belagerung und ein
gründliches Bombardement nicht möglich" sei und eine Beschießung
erst dann Eindruck machen werde, wenn die Hoffnung der Pariser auf
Entsatz geschwunden sei (also nur eine moralische Bedeutung habe);
Blume hat nachher 1871 in einem Aufsatze diesen Standpunkt ver=
treten. [1]) Wichtiger war, daß auch Blumenthal, der Generalstabschef
der III. Armee, also des Kronprinzen, derselben Ansicht war wie
Moltke, dem er dies in einem längern Briefe vom 21. November
auseinandersetzte. [2]) Er sah in einer „partiellen Beschießung" eine
„Halbheit," hielt es für „unzweifelhaft, daß Paris spätestens bis Ende
dieses Jahres, vom Hunger bezwungen, fallen muß," und wollte nur
für den Fall, daß dies nicht geschehe, „alles zur förmlichen Belagerung
parat" haben, „die dann nach allen Regeln der Kunst und mit mög=
lichst geringen Opfern Schritt für Schritt auszuführen ist." Er nannte
gelegentlich in seiner lebhaften Art die Forderung des Bombardements
einfach eine „Kinderei." [3]) Seinem Generalstabschef und Moltke

in Paris selbst dachte der Oberbefehlshaber Trochu nur bis Mitte November
aushalten zu können, in der Provinz hatte man die Ansicht, daß dies bis zum
1. Dezember möglich sein werde, s. Freycinet, La guerre en province (1871)
73 f.

[1]) Verdy, Im großen Hauptquartier 177 ff. Busch I, 404 ff. Wilmowski
73 (22. November). Tagebuch des Kronprinzen vom 25. November.

[2]) Moltke, Militärische Korrespondenz III, 2, 446 ff. Anlage zu Nr. 486.
Er galt allgemein als ein „großer Widersacher des Bombardements," Wil=
mowski 77. vgl. Busch II, 59.

[3]) H. Delbrück, Bismarck-Historiographie, im Juniheft der Preußischen Jahr=
bücher 1899, S. 472 nach Äußerungen des Feldmarschalls.

stimmte auch der Kronprinz begreiflicherweise völlig zu. Am 26. Ok=
tober trug er in sein Tagebuch ein: „Moltke ist mit mir einig, Paris
durch Hunger zu zwingen, und gegen Eröffnung von Parallelen," und
am 28. November: „Ich will nicht anfangen, bis alle Munition da;
mit bloßem Schießen hätten wir längst anfangen können, hätten aber
wegen Munitionsmangel bald aufhören müssen."

Von einem so gesinnten Oberkommando der III. Armee war eine
besondre Energie in der Bewältigung des wesentlichsten Hindernisses,
nämlich der Schwierigkeiten beim Straßentransport der Munition, kaum
zu erwarten, und selbst Blume gesteht unumwunden ein: „Man wird
nicht behaupten können, daß das Oberkommando alles gethan habe,
was in seinen Kräften stand, um die Vorbereitungen für den Angriff
zu beschleunigen . . ." „es hätte früher, als geschehen, zu der Er=
kenntnis, daß Aushilfe aus der Heimat unentbehrlich war, kommen
und danach handeln müssen." Nur meint er, eigentlich sei es Roons
Sache gewesen, dafür zu sorgen.[1] Gewiß, was Anfang Dezember
möglich war, 900 bis 1000 deutsche vierspännige Lastwagen zu be=
schaffen, das war auch vier oder sechs Wochen früher möglich. Andrer=
seits konnte eine solche Auffassung der militärischen Sachlage durch die
„humanitären" Einflüsse hochgestellter Damen nur bestärkt werden.

Daß die Gereiztheit, der Bismarck Ausdruck gab, von der andern
Seite einen starken Wiederhall fand, war natürlich, denn beide Teile
glaubten im Rechte zu sein und pflichtgemäß zu handeln. „Die
Schlachtenbummler räsonnieren, die das Kriegsleben ohne Verantwor=
tung und Sachkenntnis mitmachen," schreibt der Kronprinz am 28. No=
vember. „Ich biete jedem, der mir davon [von der Beschleunigung
der Beschießung] redet, das Kommando an," und er that das wirklich
in diesen Tagen gegenüber Bismarck, der am liebsten darauf geant=
wortet hätte oder auch wirklich geantwortet hat: „Ich bin bereit, es
anzunehmen, für vierundzwanzig Stunden."[2] Auch Blumenthal will
nicht hören auf „die Stimmen militärisch unwissender, hinterm grünen
Tisch sitzender Leute im In= und Auslande," und selbst Moltke ver=
wahrt sich gegen das Hineintragen „politischer Momente, die nur in=

---

[1] Beschießung von Paris 44. 45.
[2] Busch I, 440. 588.

soweit Berücksichtigung finden" können, als sie nicht etwas militärisch Unzulässiges oder Unmögliches beanspruchen. [1]) Die Behauptung, daß nichtmilitärische Rücksichten mit im Spiele seien, um die Beschießung zu verzögern, machte auf ihn keinen Eindruck. „Aus den Zeitungen und Zuschriften sehe ich, schreibt er am 18. Dezember, daß man in der Heimat glaubt, daß wir das feindliche Feuer bis jetzt nicht be= antworten aus zarter Rücksicht auf Paris oder gar auf Verwendung hoher Persönlichkeiten. Das ist durchaus nicht der Fall; es geschieht, was zweckmäßig und ausführbar."

Endlich brachte Bismarcks Energie auch diese stockende Sache in Fluß. Nachdem persönliche Vorstellungen bei Blumenthal (28. November) und beim Kronprinzen natürlich keinen Erfolg gehabt hatten, reichte er beim König gegen Ende November einen Immediatbericht über die Frage ein, zu Roons größter Genugthuung. Daraufhin richtete der König, nachdem er sich schon drei Tage vorher von Hinderfin und Kleist hatte Vortrag halten lassen und zu seinem „Erstaunen" erfahren hatte, daß der ursprüngliche Termin (Anfang Dezember) nicht ein= gehalten werden und der Angriff „nicht vor Ende Dezember, ja Anfang Januar" beginnen könne, am 28. November in fast scharfem Tone ein Schreiben an Moltke, in dessen Gedankengang man Bismarcks Denkschrift wird wiederfinden dürfen. Diese Verzögerung errege ihm „die aller= größten Bedenken, sowohl in militärischer als politischer Hinsicht." Deßhalb fühle er sich „verpflichtet," die Frage der Beschleunigung des Angriffs auf die südlichen Forts „des Entschiedensten in die Hand zu nehmen und den schleunigsten Bericht zu verlangen" über vier Fragen: Welche Mittel zur allerschleunigsten Herbeischaffung der Munition zu ergreifen seien, ob es noch an der Zeit sei, den „Nordangriff" zu unternehmen, ob die Munition so vollständig berechnet sei, daß kein Stillstand in der Beschießung der Forts eintreten könne, welche Werke noch bis zur Aufstellung der Geschütze ausgeführt werden müßten. Darüber erwartete der Monarch mündlichen Bericht bis zum 1. Dezember.

---

[1]) Moltke, Militärische Korrespondenz 447, Beilage zu Nr. 486 und Nr. 454. Briefe II, 179. Die Gereiztheit wuchs, als Bismarck seinen Willen endlich durchgesetzt hatte, Roon vom 25. Dezember, Denkwürdig= keiten III⁴, 271.

Die Antwort bestand in Moltkes „Promemoria" vom 30. November.[1])
Gegenüber Wilmowski bemerkte noch am 28. der König, es sei nicht
wahr, daß beschlossen sei, Paris nicht zu beschießen, zur Zeit seien nur
die Vorbereitungen nicht vollendet.[2]) Roon drängte unermüdlich und
erlangte endlich am 6. Dezember den königlichen Befehl an das Ober=
kommando der III. Armee, Pferde von den Munitionskolonnen her=
zugeben, und die Weisung an das Kriegsministerium, einen militärisch
organisierten Fuhrpark von neunhundert bis tausend Wagen aus Deutsch=
land zu beschaffen, wozu sich ein Erfurter Unternehmer bereit erklärt
hatte[3]) und Bismarck die nötigen Summen (sechs Mark den Tag für
jeden Wagen) auf die Bundeskasse anwies. Roon war darüber sehr
befriedigt, obwohl er an dem guten Willen mancher Stellen auch jetzt
noch zweifelte;[4]) noch am 17. Dezember hob Moltke beim König im
Beisein Roons die Schwierigkeiten des nunmehr beschlossenen Angriffs
so sehr hervor, daß Roon ihm in einem längern Schreiben sein Be=
fremden aussprach.[5]) Indes kam die Sache nun doch in raschen Fluß.
Zum Generalsvortrage am 17. Dezember wurden auch die Artillerie=
und Ingenieurgenerale der beiden Versailler Hauptquartiere zugezogen,[6])
am 22. kündigte Moltke dem König die bevorstehende Beschießung der
Ostfront [des Mont Avron] für den 28. an (thatsächlich begann sie
schon am 27.), am 23. Dezember übertrug eine königliche Kabinettsorder
die Oberleitung der Ingenieurangriffe dem Generalleutnant von Kamele,
die des artilleristischen Angriffs dem Generalmajor Prinzen zu Hohen=
lohe=Ingelfingen,[7]) am 5. Januar 1871 begann die Beschießung auch
der Südfront, am 21. Januar das Feuer auf St. Dénis.
   Fassen wir das Ergebnis zusammen. Die Anschauung der General=
stabsoffiziere, die Aushungerung werde zum Ziele führen, Belagerung

---

[1]) Militärische Korrespondenz III, 2, 415 f. und Nr. 454.
[2]) Feldbriefe 74 f.
[3]) Militärische Korrespondenz III, 2, Nr. 468 und Blume, Beschießung
von Paris 69.
[4]) Briefe vom 8. und 10. Dezember, Denkwürdigkeiten III⁴, 261. 262.
[5]) Moltkes Militärische Korrespondenz III, 2, S. 445 f. und Nr. 486.
[6]) Schneider III, 118 f. Busch I, 536 f.
[7]) Militärische Korrespondenz III, 2, Nr. 531 und zu Nr. 547, vergl. Roon
vom 23. und 24. Dezember, Denkwürdigkeiten III⁴, 267 ff.

und Beschießung seien nebensächlich oder ganz überflüssig, beruhte auf der Voraussetzung, daß Paris gar nicht so sehr lange mit Lebens= mitteln versorgt sei. Diese Voraussetzung erwies sich als falsch, und also hatten Bismarck und Roon Recht, wenn sie von Anfang an auf die Beschießung drangen. Die Transportschwierigkeiten beruhten nicht auf der mangelhaften Leistungsfähigkeit der Eisenbahnen, sondern auf den ungenügenden Vorkehrungen für die Überführung der Munition vom Endpunkte der Bahn nach den Batterien; diese aber hingen mit den Anschauungen des Oberkommandos der III. Armee über die Be= schießungsfrage eng zusammen. Insofern hatten auch hier Roon und Bismarck Recht. Inwieweit der Kronprinz und seine Umgebung in ihrem Urteile durch „humanitäre" Einflüsse hochgestellter Damen bestärkt worden sind und andre Offiziere wieder durch die Rücksicht auf das Urteil des Thronfolgers, läßt sich im einzelnen nicht nachweisen, schon weil uns diese Korrespondenz noch nicht zugänglich ist; daß aber diese Einwirkungen, die von dem vor allem den Frauen natürlichen Gefühle der Menschlichkeit ausgingen, die militärischen Entschlüsse einer solchen Anzahl hoher Offiziere veranlaßt haben sollten, ist nicht wohl denkbar. Die Ansicht endlich von der Nutzlosigkeit oder Aussichtslosigkeit eines Angriffs auf die Festungswerke vertritt auch jetzt noch Blume[1]) mit dem Hinweise darauf, daß die deutschen Batterien selbst um Mitte Januar noch immer 1500 Meter von den angegriffnen Forts entfernt gewesen seien und die Franzosen auf dem Hauptwalle eine überlegne Artillerie (auf der angegriffnen Südfront 600 Geschütze) entwickelt hätten, die den Angriff zum Stehen gebracht habe, die Beschießung der Stadt selbst aber (d. h. etwa ihres vierten Teils mit 200 bis 300 Granaten täglich) habe gar nichts genutzt. Dagegen waren nach Moltkes Zeugnis die drei Südforts fast kampfunfähig gemacht, die Kasernen zerstört, die Brustwehren zerschossen, die Geschütze meist demontiert, nur der Hauptwall antwortete noch. Vollends auf die drei Forts von St. Dénis war die Wirkung der nur sechstägigen Beschießung ent= scheidend, und „die ungenügende Sturmfreiheit der stark beschädigten Werke schloß — selbst gewaltsame Unternehmungen also den förm=

---

[1]) Beschießung von Paris 36 f.

lichen Angriff] nicht mehr aus."[1]) "Einem förmlichen Angriff hätten
die Forts nur noch geringen Widerstand entgegensetzen können. Die
Stadtenceinte blieb zwar bis zum Ende thätig, im ganzen näherte sich
jedoch die artilleristische Verteidigung der Erschöpfung." Der Mont
Avron war sogar in einem Tage niedergekämpft worden. Also hatten
die "Schießer," die sich ja nur auf die frühere Ansicht des General=
stabs gegen die spätere stützten, doch schließlich Recht behalten. Nun
hat Paris allerdings nicht wegen der Beschießung kapituliert, sondern
weil es ausgehungert war; aber wäre dieses Ende nicht vielleicht früher
herbeigeführt worden, wenn mit der Beschießung vier bis sechs Wochen
früher begonnen worden wäre?

Sehr merkwürdig und selbständig ist bei der ganzen Frage die
Stellung des Königs. Er hat von Anfang an den Entschluß zum ge=
waltsamen Angriff auf Paris nach den Anordnungen von Ferrières
zähe festgehalten, vor allem, weil er kraft seiner eignen Erfahrung nach
Sedan an ein rasches Ende des Kriegs nicht geglaubt, also schärfer
gesehen hat als selbst Moltke, der noch am 9. Oktober schrieb: "Jeder
fühlt mehr oder weniger, daß eigentlich der Feldzug zu Ende ist";[2])
er mußte also wünschen, auch vor Paris möglichst rasch zum Ziele zu
kommen, um den Widerstand im offnen Felde niederwerfen zu können.
Er hat, als sich der ihm angegebne Zeitpunkt für den Anfang des An=
griffs näherte, ohne daß davon etwas zu sehen war, selbst die Initiative
ergriffen, um den Gründen der Verzögerung auf die Spur zu kommen,
und dann, als auch Bismarck und Roon trieben, die Sache durch
energische Befehle in raschen Gang gesetzt. Von weiblichen Einflüssen
ist er also ganz entschieden nicht bestimmt worden; sie haben ihn höch=
stens verstimmt und aufgeregt, weil sein ritterlicher Sinn den Wider=
spruch zu seiner Gemahlin peinlich empfand. Er ist auch hier in jedem

---

[1]) Geschichte des deutsch=französischen Kriegs 355 f. 363 f. Generalstabswerk II,
2, 1173 ff. Auch auf die frühern Gegner der Beschießung machten die Erfolge
großen Eindruck, Wilmowski 80. Bismarckbriefe 465 (vom 4. Januar 1871).

[2]) Militärische Korrespondenz III, 2, Nr. 319. Der König sagte gleich
nach der Kapitulation von Sedan zu seiner Umgebung: "Glauben Sie nicht, daß
der Krieg zu Ende ist; eine Nation wie die französische erklärt sich nicht ohne
weiteres für überwunden, wir haben noch einen schweren Kampf vor uns,"
Hönig, Volkskrieg an der Loire I², 338.

Augenblicke der König gewesen, der hoch über den Parteien seiner Um=
gebung stand, keine Spur von persönlicher Eifersucht empfand, jedem
einzelnen in seinem Ressort sein Recht ließ und sie alle mehr vermit=
telnd als befehlend schließlich seinem Willen unterordnete. Die weit=
verbreitete Vorstellung, er habe immer nur gethan, was ihm, nament=
lich von Moltke, vorgeschlagen worden sei, ist überhaupt ganz falsch;
wenn die Größe des Feldherrn in der Geistesschärfe, in der Kunst, die
wechselnden Situationen zu beherrschen, in der Willenskraft und in der
Charakterstärke beruht, so „überragte hierin König Wilhelm in seiner
nüchternen Auffassung schlechthin alle Personen seiner Umgebung," weil
eben alle Fäden in seiner Hand zusammenliefen. Er hat weder zu
Moltkes noch zu Bismarcks Gunsten jemals abgedankt; wenn er seine
oft bessere persönliche Einsicht nicht noch energischer gegen den Wider=
spruch seiner Umgebung durchsetzte, so beruht das in der milden Vor=
nehmheit seines ganzen Wesens, in der weisen und gütigen Rücksicht
auf die verdienten Männer um ihn her.[1)]

Bismarcks Darstellung dieser Kämpfe trifft also in sehr wichtigen
Punkten das Richtige; aber er hat unzweifelhaft die Wirksamkeit per=
sönlicher Einflüsse und Beweggründe überschätzt, die Ehrlichkeit der sach=
lichen Gegengründe gegen seine eigne Auffassung unterschätzt und ist
dem Könige insofern nicht ganz gerecht geworden, als dieser bei ihm
zu sehr unter den Einwirkungen seiner Umgebung steht. Der subjektive
Charakter der Gedanken und Erinnerungen verleugnet sich also auch
hier nicht.[2)]

[1)] Er sagte dann wohl mit scharfer Ironie: „Die Herren wissen das ja
alles immer besser als ich," Hönig a. a. O. I², 339, der diese ganze Stellung des
Königs S. 337 ff. sehr schön und treffend charakterisiert, noch eindringender
E. Marcks im Maiheft der Deutschen Rundschau 1899, Bismarck und die Bismarck=
litteratur des letzten Jahres 252 f., jetzt in Fürst Bismarcks Gedanken und Er=
innerungen 100 ff.

[2)] E. Marcks a. a. O. 99 A. stimmt dem Urteil über den Gegensatz zwischen
Bismarck und den Generalen zu; H. Delbrück ist in der Besprechung der schwie=
rigen Frage (Bismarckhistoriographie, im Juniheft 1899 der Preußischen Jahr=
bücher) vielfach zu entgegengesetzten Schlüssen gelangt. Er weist nicht nur die
Behauptung Bismarcks von dem bestimmenden Einflusse fürstlicher Damen auf
die militärischen Entschlüsse vor Paris mit Schärfe zurück, sondern er giebt auch
in allen Stücken den Generalen (Moltke und Blumenthal) recht, Bismarck und

Der letzte Teil des Kapitels bespricht die Verhandlungen, die zur Erneuerung des Kaisertums führten, übrigens oft ohne rechte örtliche und zeitliche Bestimmtheit, und fast ohne die Belebung durch charakteristische Szenen, hauptsächlich in kurzem Überblick mit gelegentlichen Erörterungen. Zunächst wird die Stellung des Kronprinzen zur Kaiserfrage erörtert. Den Kaisertitel betrachtete Bismarck als „politisches Bedürfnis," als „werbendes Element" für die deutsche Einheit, als ein Mittel, um „die zu starke Betonung des überlegnen Ansehens der preußischen Krone, wozu auch Wilhelm I. neigte, zu verhindern. Von dem Kaisertitel wollte der König selbst lange nichts wissen; auch der Kronprinz wollte „gleich im Anfange der günstigen Wendung des Kriegs" (1870) nur von einem „König der Deutschen" hören, weil der Kaisertitel, wie ihm „politische Phantasten" eingeredet hatten, undeutsch sei. Der Einwand Bismarcks, daß dann die übrigen deutschen Könige das nicht bleiben könnten, sondern begrabiert werden müßten, und daß dies ohne Zwang nicht abgehn werde, obwohl ein solcher doch ausgeschlossen sei, schreckte ihn nicht. Das Tagebuch des Kronprinzen, das 1888 im

Roon unrecht, macht Roon zum Vorwurf, daß er sich von Bismarck habe bestimmen lassen, von dessen „ungeheurer Überlegenheit" er als „enger Geist" ganz abhängig gewesen sei, und bezweifelt auch Bismarcks „strategische Einsicht." Er übersieht dabei, daß der Generalstab anfangs selbst für den möglichst raschen artilleristischen Angriff auf Paris war, daß nicht nur Bismarck, sondern auch der König, dessen militärische Einsicht doch nicht wohl bezweifelt werden kann, nur an dieser ursprünglichen Ansicht festgehalten und zuletzt für diese die Entscheidung gegeben hat, daß die später beim Generalstabe überwiegende Ansicht auf unzutreffenden Voraussetzungen beruhte, daß von Blume selbst zugesteht, für die Überwindung der Transportschwierigkeiten habe mehr geschehen können, als geschehen sei, daß Roon und Moltke, ganz abgesehen von der Beschießungsfrage, in einem gewissen prinzipiellen Gegensatze wegen der Abgrenzung ihrer Ressorts standen, daß endlich Bismarck die allertriftigsten politischen Gründe an einer beschleunigten Übergabe von Paris hatte, keineswegs „in blinder Leidenschaft, der instinktiven Gewaltsamkeit seiner Natur nachgebend, das unsinnige Bombardement forderte." Auch Marcks a. a. O. S. 8 lehnt diese Auffassung rundweg ab. Für unparteiisch kann Delbrücks Urteil, noch ganz abgesehen davon, daß er die Quellen nur sehr unvollständig benutzt hat, also recht oberflächlich verfahren ist, schon deshalb nicht gelten, weil er offenbar die Meinung des Grafen Blumenthal wiedergiebt (vgl. S. 472. 475), dieser aber war und ist — bei aller Anerkennung seiner Bedeutung darf das gesagt werden — doch in dieser Frage selbst einigermaßen Partei.

Oktoberheft der Deutschen Rundschau erschien [1] und Andeutungen einer Möglichkeit, zwangsweise vorzugehn, enthielt, betrachtet Bismarck, gerade wie in seinem Immediatbericht vom 23. September, als später vielfach tendenziös interpoliert, er hatte aber damals „keine Ahnung," „daß der Fälscher in der Richtung von Geffcken, dem hanseatischen Welfen, zu suchen sei." Diese Darstellung wird von Bismarckischer Seite ergänzt durch die Mitteilungen von Busch, von der andern Seite durch das Tagebuch des Kronprinzen (mit der Kritik Bismarcks im Immediatbericht und bei Busch III, 243 ff.), seine Vorschläge für die Friedensverhandlungen und die Neuordnung Deutschlands vom 14. August 1870 (aus dem Hauptquartier Blamont in Lothringen) und die Erinnerungen Gustav Freytags in der Schrift: „Der Kronprinz und die deutsche Kaiserkrone" (1889). Dabei ergiebt sich in dem einen Punkte Übereinstimmung, in andern ein scharfer Widerspruch zwischen den Angaben Bismarcks und des Kronprinzen. Während aus dessen Tagebuche die Ansicht durchklingt, daß Bismarck persönlich an der Kaiserkrone nichts gelegen habe, behauptet dieser, daß er sie als ein politisches Bedürfnis betrachtet habe; während nach Bismarck der Kronprinz nur von einem König der Deutschen hat wissen wollen, ist dieser nach seinen eignen Angaben 1870 von Anfang an für das Kaisertum eingetreten, selbst auf die Gefahr hin, gegen die Bundesgenossen Gewalt anzuwenden,

----

[1] Im Hausministerium liegen oder lagen zwei Tagebücher des Kronprinzen, ein kürzeres und ein längeres, beide von seiner Hand geschrieben, das erste vermutlich ein Auszug, vielleicht auch die Urschrift des harmlosen Teils des zweiten, das zweite offenbar großenteils erst nach dem Kriege verfaßt und mit vielen Zusätzen versehen. Das Tagebuch der Deutschen Rundschau ist aus dem umfänglichern gemacht worden, dessen Interpolationen vielfach politischer Natur und oft äußerst charakteristisch sind. Busch III, 255. 268 (vom 9. Oktober 1888 und 10. Februar 1889). Diesem Urteil des Fürsten Bismarck steht die kurze Bemerkung zu Busch vom 26. September 1888 gegenüber: „Ich selber halte das Tagebuch für noch echter als Sie," Busch III, 243. Volles Licht könnte erst eine einbringende kritische Untersuchung geben, aber schon jetzt wird man sagen dürfen: im ganzen trägt das Tagebuch alle Merkmale der Echtheit, doch mag manches später hinzugesetzt sein. Das damalige Vorgehn des Fürsten gegen die Veröffentlichung verfolgte einen bestimmten politischen Zweck und hatte mit historischer Forschung nichts zu thun.

und dies letzte wird vom Kronprinzen bestätigt. Seine Meinung von
den Anschauungen des Kronprinzen konnte sich Bismarck zunächst aus
zwei Denkschriften des hohen Herrn, sodann aus mehreren eingehenden
Besprechungen mit ihm bilden. Die Denkschrift, gleich nach der Schlacht
bei Wörth (6. August) verfaßt und von ihm am 11. August in Peters=
bach, unweit von Lützelstein, auf dem Marsche durch die Vogesen mit
G. Freytag besprochen, aber erst von Blamont in Lothringen aus am
14. August an Graf Bismarck übersandt, behandelte „das bei einem
Friedensschluß für Deutschland Wünschenswerte" und berührte die Kaiser=
frage nicht; sie wollte in Bezug auf „die endliche Einigung Deutsch=
lands" zunächst ein streng einheitliches Heer unter dem König von
Preußen als Bundesfeldherrn, Eintritt der süddeutschen Staaten in den
Norddeutschen Bund unter Wahrung ihrer Titulatur und aller Ehren=
rechte, auch des Gesandtschaftsrechts, Errichtung eines Oberhauses aus
den souveränen deutschen Fürsten und den Häuptern der ehemaligen
reichsunmittelbaren Geschlechter, Regelung der gesamtdeutschen Verfassung
durch eine konstituierende Versammlung im Anschluß an das bisherige
Zollparlament, Übertragung einzelner Geschäftszweige und ihrer Lasten
auf die oberste Bundesbehörde, so z. B. der geistlichen und Schul=
angelegenheiten, im übrigen innere Selbständigkeit der Einzelstaaten.¹)
Unterredungen mit Bismarck hat der Kronprinz in dieser Zeit drei
gehabt, die eine am 20. August gegen Mittag („um elf Uhr") in
Pont=à=Mousson, wohin er von Nancy herüberkam,²) eine andre am
Morgen des 3. September in Donchéry nach der Kapitulation von
Sedan,³) vor der Abfahrt des Hauptquartiers nach Vendresse, eine
dritte zwischen diesen beiden Tagen „oder gleich nach Sedan, bei
Beaumont oder bei Donchéry — in einer langen Allee —, wo
wir neben einander herritten," sagt Bismarck.⁴) Bei der ersten in

---

¹) Abgedruckt bei Kohl, Wegweiser durch Fürst Bismarcks Gedanken und
Erinnerungen 123 ff., kurz erwähnt von G. Freytag 20. 21. 29 f.
²) Busch I, 91. Freytag 29 f.
³) Tagebuch des Kronprinzen vom 3. September. H. Abeken aus Vendresse
vom 3. September abends, S. 406.
⁴) Bismarck bei Busch (26. September 1888) III, 245. Des Kronprinzen
Tagebuch erwähnt von dieser Unterredung nichts. Der Immediatbericht spricht
bestimmt von „einer noch frühern Verhandlung [vor dem 3. September, also bei
Beaumont] von mehrstündiger Dauer."

Pont=à=Mousson war vom Kaisertum die Rede, in Donchéry dagegen
wesentlich von den Friedensbedingungen, namentlich von der Erwerbung
des Elsasses und Lothringens, „bei Beaumont oder Donchéry" von der
Bildung eines Oberhauses, die Bismarck ablehnte, und „von Gewalt
und Zwangsmaßregeln gegen die Bayern," um sie auch gegen ihren
Willen der neuen Ordnung einzufügen, einen Gedanken, den Bismarck
„als Treulosigkeit, Mißhandlung und Verrat an Bundesgenossen" und
als „Unklugheit, wo wir sie weiter nötig hatten," scharf zurückwies.
Auch von andern seltsamen Gewaltplänen hat Bismarck gelegentlich in
halbdunkeln Andeutungen mehrfach gesprochen: von einer „Militär=
verschwörung in Mainz vor dem Einmarsche in Frankreich, von dem
Projekt »wie die ersten großen Erfolge bis Sedan da waren«, eines
»Soldatenkaisers« über Deutschland," den die Truppen ausrufen sollten,
die Bayern mit, endlich von der Absicht, die Könige nach Versailles
einzuladen und dort zur Annahme irgendwelcher Bedingungen zu
zwingen, was er als „Verrat, Untreue und Undank" verhindert habe,[1])
Dinge, die sich bis jetzt weder anderwärts belegen noch widerlegen
lassen, aber doch nicht ganz aus der Luft gegriffen sein können. Freilich
bezeichnet Bismarck diese gewaltthätigen Absichten des Kronprinzen, die
sich auch an manchen Stellen des Tagebuchs finden (s. unten), in seinem
Immediatbericht[2]) als eine spätere Interpolation, eine „Verleumdung
des hochseligen Herrn," natürlich, um den übeln Eindruck zu verwischen,
den diese Angabe des Tagebuchs besonders in Bayern machen mußte;
aber in der Einleitung spricht er wieder von den „zu weit gesteckten
Zielen und der Gewaltsamkeit der Mittel, die Sr. Königlichen Hoheit
von politischen Ratgebern zweifelhafter Befähigung empfohlen waren."[3])
Obwohl nun der Kronprinz in der Zeit jener ersten Unterredungen in
sein Tagebuch von solchen Absichten nichts eingetragen hat, so beweisen
doch spätere Eintragungen, daß ihm derartige Gedanken noch in Ver=
sailles nicht fremd gewesen sind. Am 3. November bemerkte er mit
Bezug auf eine Äußerung Delbrücks, man könne Bayern nicht mit Ge=

---

[1]) Busch III, 229 (7. April 1888). II, 115 (30. Januar 1871). III,
229. 269 (10. Februar 1889).

[2]) H. Kohl, Bismarck=Regesten II, 464 ff.

[3]) Bei Busch nennt er namentlich Roggenbach, who always was a fool
III, 244.

walt zum Eintritt zwingen: „Ich behaupte, daß wir uns unſrer Macht
gar nicht bewußt ſind, folglich in dem gegenwärtigen weltgeſchichtlichen
Augenblicke das, was wir ernſtlich wollen, auch zweifellos können.“
Am 16. November verzeichnet er aus einem Geſpräch mit Bismarck:
dieſer habe geſagt, man könne den Südbeutſchen nicht drohen, weil das
ſie Öſterreich in die Arme treiben würde, er aber habe erwidert, Ge=
walt ſei gar nicht nötig; die in Verſailles anweſenden deutſchen Fürſten
möchten nur den Kaiſer proklamieren und eine Verfaſſung mit Ober=
haus genehmigen, einer ſolchen Preſſion könnten die Könige [von Bayern,
Sachſen und Württemberg] nicht widerſtehn, worauf nun wieder Bis=
marck ſich mit dem Willen des Königs Wilhelm gedeckt habe.[1] Mit
dem bayriſchen Vertrage war der Kronprinz genau ſo unzufrieden wie
die große Mehrheit der politiſch Denkenden in Norddeutſchland; es ſei
damit, ſagte er nachher, wie Bucher erzählt hat, zu Bismarck, „doch
zu wenig erreicht worden. Nach ſo großen Erfolgen hätte man mehr
verlangen müſſen. Ja, aber wie ſollte man das Verlangen durchſetzen?
habe der Chef gefragt. Nun, man muß ſie zwingen, ſei die Antwort
des Kronprinzen geweſen. »Dann kann ich, habe der Kanzler ent=
gegnet, Ew. Königlichen Hoheit nur empfehlen, damit anzufangen, daß
Sie die bayriſchen Armeekorps hier entwaffnen«, was natürlich ironiſch
gemeint war.“[2] Einen gewiſſen Druck hat alſo unter Umſtänden der
Kronprinz noch in Verſailles anwenden wollen, freilich hier wohl kaum
einen andern als den, der in der Benutzung der nationalen Stimmung

---

[1] Vom „Oberhaus“ ſpricht der Kronprinz auch unter dem 18. und 27. Ok=
tober, was von Dalwigk beantragt werden ſollte, aber an Bayern ſcheiterte,
29. Oktober, 1. November. Auch von „Reichsminiſtern“ war gleichzeitig die
Rede.

[2] Buſch I, 434 (vom 27. November), vgl. III, 250, vgl. die Abhandlung
Treitſchles vom 7. Dezember über die Verträge mit den Südſtaaten, Deutſche
Kämpfe I², 392 ff. Wenn Bismarck im Immediatbericht ſagt: „In Verſailles
haben Erörterungen und Meinungsverſchiedenheiten zwiſchen Sr. Königlichen
Hoheit und mir über die künftige Verfaſſung Deutſchlands nicht mehr ſtattgefunden,“
ſo widerſpricht dies ſchon ſeinen eignen unverdächtigen oben mitgeteilten Äuße=
rungen. Ob freilich die Beſprechung mit dem Kronprinzen wirklich auf den
16. November trifft, iſt ſehr zweifelhaft, da Bismarck ſeit dem 14. unwohl war;
eine Gelegenheit hätte ſich vorher am 13. bei der königlichen Tafel geboten.
Buſch I, 394. 398. 406. 393. H. Kohls Bismarckregeſten ſind hier unvollſtändig.

in Volk und Heer zu energischen Forderungen lag. Wer diese Zeit mit erlebt hat, der weiß auch, wie tief der Unmut war über die Schwierigkeiten, die vor allem Bayern dem deutschen Einheitswerke entgegenstellte, und der wird auch den Kronprinzen besser begreifen, als wenn man zwanzig bis dreißig Jahre später nach dem Erfolge darüber urteilt. Ist denn nicht auch der bayrische Landtag thatsächlich gewissermaßen vergewaltigt worden, da die Kaiserproklamation eher stattfand, als er die Verträge genehmigt hatte? Daß Bismarck richtiger sah und die Gesamtlage Europas dabei mehr in Rechnung zog als der Thronfolger, ist sehr natürlich, denn dieser wurde von den wichtigsten Beratungen grundsätzlich ferngehalten,[1]) konnte also auch die Dinge nicht so würdigen wie der Kanzler.

Die Angabe der Gedanken und Erinnerungen über die Absichten des Kronprinzen, einen starken Druck auf widerstrebende Bundesfürsten auszuüben, wird also durchaus und von beiden Seiten her bestätigt. Dagegen beruht die Behauptung, er habe noch 1870 nur von einem „König der Deutschen" oder „von Deutschland" wissen wollen, zweifellos auf einem Irrtum, obwohl Bismarck sie auch sonst fast in derselben Weise wie in den Gedanken und Erinnerungen aufgestellt hat.[2]) Schon zu Anfang 1867 hat der Kronprinz den König zur Annahme des Kaisertitels zu bewegen gesucht, weil er ganz richtig empfand, daß der Titel eines Bundespräsidenten für das Volk „kein ergreifendes Bild" gebe;[3]) bei der Besprechung mit G. Freytag in Petersbach am 11. August 1870 sagte er sofort auf dessen gründlich unhistorischen und unpraktischen Vorschlag, den König von Preußen nur als Kriegsherrn oder Herzog von Deutschland zu bezeichnen: „Nein, er muß Kaiser werden," und wies Freytags historische Bedenken, die auf der lange herrschenden Ver-

---

[1]) Einleitung zum Immediatbericht, vgl. Busch III, 204.

[2]) Gegenüber Busch am 10. Februar 1889, III, 269: „(Es) fehlt bei ihm [dem Tagebuche des Kronprinzen] der erste Akt der Verhandlungen, wo ich den Kronprinzen von seiner wohl aus Baden stammenden Ansicht abzubringen hatte, daß die Kaiseridee undeutlich, Deutschland schädlich sei —. Er wollte deshalb nur einen König von Deutschland oder der Deutschen u. s. f." Natürlich fehlt dieser „erste Akt," denn diesen Gedanken hatte der Kronprinz damals längst aufgegeben.

[3]) Sybel V, 463.

urteilung der deutschen Kaiserpolitik des Mittelalters beruhten, mit sicherm Takte ab. [1]) Gegenüber Bismarck hat er dann am 20. August in Pont=à=Mousson zum erstenmale vom Kaisertum gesprochen, am 3. September erwähnt er im Tagebuche die Kaiseridee, am 30. Sep= tember trug er dem widerstrebenden König seinen Gedanken vor und betonte, der Titel sei nötig wegen der drei Könige. Die Idee wurzelte bei ihm tief ebenso in seiner warmen deutsch=nationalen Gesinnung, wie in seinem Stolze auf die Größe seines Hauses, und er entsprach damit, was er sehr gut wußte, der Volksstimmung vor allem in Süddeutsch= land, wie er in der Frage der Verträge dem natürlichen Empfinden Ausdruck gegeben hat. Das Verdienst, für ihre Verwirklichung mit begeistertem Eifer eingetreten zu sein, kann und darf dem edeln, warm= herzigen Manne, dessen ganzes Leben soviel Tragisches hat, nicht ver= kümmert werden. [2]) Das hat natürlich auch nicht in der Absicht des Fürsten Bismarck gelegen; er hat offenbar nur das, was der Kronprinz 1866 in Nikolsburg vorgeschlagen hat, den König von Preußen zum König von Deutschland, die drei andern Könige zu Herzögen zu machen, als die deutschen Dinge noch flüssiger und die drei Könige unter den besiegten Gegnern Preußens waren, in der Erinnerung verwechselt mit dem, was 1870 geschehen ist. [3]) Wunderlicherweise hat er aber die richtige Version selbst einmal im September 1888 erzählt, ist also selbst in seinem Gedächtnis unsicher gewesen. [4]) Das Seltsamste dabei ist, daß er bei der Redaktion der Gedanken und Erinnerungen nicht auf diesen Widerspruch mit sich selbst und mit Sybel aufmerksam ge= worden ist.

Von den Verhandlungen mit den Südstaaten, die zur Erneuerung des Kaisertums führten, erzählt Fürst Bismarck als von bekannten Dingen nichts. Aber er übergeht auch sehr wichtige Punkte, die bisher unbekannt waren und doch auf die Schwierigkeit der Verhandlungen namentlich mit Bayern, also auch auf den Wert des schließlich Erreichten

---

[1]) Der Kronprinz und die deutsche Kaiserkrone, 21 ff. Vergl. übrigens Treitschke a. a. O. 405.
[2]) Philippson, Kaiser Friedrich III., 142 ff.
[3]) Sybel V, 463. Als Bismarck ihm einwarf: „Aber sie werden nicht wollen" rief der Kronprinz aus: „Sie werden müssen!"
[4]) Busch III, 245.

ein helles Licht werfen und zugleich die auffallende Haltung König Ludwigs II. in späterer Zeit erklären helfen. Der erste Punkt betrifft das Wiederaufleben des alten bayrischen Lieblingsplanes, die badisch gewordne Pfalz (mit Heidelberg) zu erwerben und dafür Baden durch das Elsaß oder einen Teil davon zu entschädigen, als wenn Deutschland noch in den Zeiten napoleonisch-rheinbündischen Länderschachers gelebt hätte, wo sich deutsche Mittelstaaten ihre Dienste von einem fremden Gewaltherrn mit Fetzen deutschen Bodens bezahlen ließen! Diesen Plan erwähnte schon im September 1870 der badische Gesandte R. von Mohl in München in einem Bericht an seine Regierung, der damals dem Grafen von Bismarck mitgeteilt und in dessen Auftrag auszugsweise in die Presse gebracht wurde, als den Gedanken auch nicht ultramontaner bayrischer Partikularisten; dann ließ König Ludwig selbst, auf eine mögliche Zusage einer Entschädigung für die Abtretungen im Jahre 1866 fußend, den Bundeskanzler wegen desselben Plans sondieren, doch lehnte dieser rundweg ab mit der Bemerkung, eine badische Gebietsabtretung sei ein noli me tangere. Ebenso wenig Glück hatte die Münchner Politik mit dem wunderlichen phantastischen Plane eines zwischen Preußen und Bayern alternierenden Kaisertums, dessen Träger Ludwig II. bei seiner Jugend und dem hohen Alter König Wilhelms mit Sicherheit bald zu werden hoffen durfte. Als Graf Bray im November 1870 dem Bundeskanzler diesen Vorschlag machte und hinzufügte, dieser könne ja zunächst mit Württemberg und Baden, erst dann auch mit Bayern in diesem Sinne abschließen, benutzte Bismarck dies, um sich sofort mit den württembergischen Ministern von Suckow und Mittnacht, die über die Aussicht auf einen Wittelsbachischen Kaiser „außer sich vor Wut" waren, zu verständigen, auf diese Weise Bayern zu isolieren und ebenfalls zum Abschluß zu drängen (23. November), ohne das „alternierende" Kaisertum.[1] Eine Andeutung, die Prinz

[1] Busch I, 252. Louise von Kobell, König Ludwig II. und Fürst Bismarck 1870, S. 27, vgl. 48. Louise von Kobell ist die Gattin des frühern königlichen Kabinettschefs Eisenhart und über die Vorgänge des Jahres 1870 in München sehr gut unterrichtet. Von einem zwischen Preußen und Bayern abwechselnden Direktorium des Bundes wurde schon in den ersten Tagen des Krieges von bayrischen Staatsmännern gesprochen. Treitschke, Deutsche Kämpfe I 2, 396.

Luitpold noch am 10. Januar 1871 dem König Wilhelm über die „Verstimmung" machte, die in Bayern [d. h. beim König Ludwig II.] wegen dieses Fehlschlags herrsche, beachtete Wilhelm I. weiter nicht.[1]) Aber es ist klar, wie vorsichtig Bismarck Bayern und besonders den König Ludwig behandeln mußte, um überhaupt zum Ziele zu kommen, wie unvermeidlich also auch die wenig glückliche Verwandlung Elsaß= Lothringens in ein Reichsland war, wie unbegründet daher die Meinung ist, er habe mehr erreichen können. Aber wie kleinlich und rückständig erscheint doch auch diese damalige Wittelsbachische Politik, die das selbst= verständliche und vertragsmäßige Eintreten Bayerns für das gesamt= deutsche Interesse in einem doch wesentlich für die Sicherung Süd= deutschlands geführten Krieg mit Sondervorteilen bezahlt haben wollte, ohne zu bedenken, daß Preußen, obwohl es von den sechzehn deutschen Armeekorps allein nahezu zwölf ins Feld gestellt hatte, für sich nicht einen Fußbreit Landes zur „Belohnung" begehrte!

Bismarck hat also auch hier Dinge nicht berichtet, die ihm nur zum Ruhme gereichen, offenbar, weil sie in Bayern nur gemischte Empfindungen erwecken könnten, er hat vielmehr seine Erzählung zu= sammengedrängt auf die Geschichte des „Kaiserbriefs," in dem Ludwig II. dem König Wilhelm die Kaiserkrone bot. Auch dieser hat freilich eine von ihm nicht berichtete Vorgeschichte. Schon am 31. Oktober hatte der Großherzog von Baden dem König Ludwig über die Erneuerung der Kaiserkrone geschrieben und ihm eine vertrauliche Zusammenkunft vorgeschlagen. Da er aber darauf keine Antwort erhielt und wenige Tage später nach Versailles berufen wurde, wo er nach dem Zeugnis des Kronprinzen „wie ein guter Genius" wirkte, so sandte er um Mitte November den Staatsrat Heinrich Gelzer mit einem „konfidentiellen Briefe" an Ludwig II. nach München.[2]) Dieser traf hier zwar nicht den König an, der vielmehr in seiner Gebirgseinsamkeit von Hohen= schwangau blieb und dem Großherzog nur schriftlich dankte, hatte aber am 18. November mit seinem Kabinettschef Eisenhart eine eingehende

---

[1]) Bismarck bei Busch II, 115 f. am 30. Januar 1871. Inhalt eines Briefes Kaiser Wilhelms über die Audienz bei Busch II, 47. Auch in den Ge= danken und Erinnerungen I, 352 erwähnt Bismarck diesen Gedanken (des Königs) „als außerhalb des Gebietes politischer Möglichkeit liegend" und „unpraktisch."

[2]) L. von Kobell 32 ff.

Besprechung, um Ludwig II. zu einer Zusammenkunft mit dem Groß=
herzog, womöglich zu einer Reise nach Versailles zu bewegen, wo schon
das Schloß Trianon für ihn in Stand gesetzt wurde.[1] Der König
aber antwortete Eisenhart, als ihm dieser berichtete: „Ich weiß recht
gut, daß in gar mancher Hinsicht eine Reise von mir ins Hauptquartier
ratsam wäre und politische Vorteile brächte, das versteht sich von selbst,
aber ich fühle mich leidend und angegriffen; auch hängt meine Reise
von den gewünschten Garantien ab, sonst gehe ich nicht nach Versailles;
dabei bleibt es, das ist meine Wille." In der That blieb es dabei,
der menschenscheue, auf seine Würde höchst eifersüchtige König kam nicht
nach Versailles. Aber als der Vertrag am 23. November abgeschlossen
war, und die Anerkennung der Kaiserwürde durch die übrigen Staaten
bevorstand, da drängten Bray und Eisenhart ihren Herrn zu einem
entscheidenden Schritte, zum Angebot der Kaiserkrone vorwärts, da eine
bloße Zustimmung zu den Beschlüssen andrer nicht den gleichen Wert
haben würde. Entscheidend dafür mußte es auch wirken, daß sich König
Johann von Sachsen für den Fall einer Weigerung des Königs von
Bayern schon bereit erklärt hatte, die Kaiserkrone anzubieten.[2] So
sehr es dem Wittelsbacher „als dem Sprossen eines uralten, schon vor
tausend Jahren ruhmvollen Geschlechts" widerstrebte, den Antrag zu
stellen, er entschloß sich doch und sandte, nachdem er sich der Zustimmung
der Mitglieder des königlichen Hauses versichert hatte, seinen Oberstall=
meister Grafen Holnstein nach Versailles, das die bayrischen Minister
am 26. November verließen.

Erst in diesem Moment setzt Bismarcks Erzählung ein. Er bittet
Holnstein „in dem Augenblicke, wo die Kaiserfrage kritisch war und an
dem Schweigen Bayerns und der Abneigung König Wilhelms zu scheitern
drohte," ein Schreiben an Ludwig II. zu befördern, das er sofort noch
auf dem abgedeckten Eßtisch aufsetzt. Mit diesem tritt der Graf seine
Reise binnen zwei Stunden am 27. November an, legt sie in vier
Tagen zurück, trifft den König bettlägerig, wird aber endlich vorgelassen
und übergiebt Bismarcks „Kaiserbrief," den der König zweimal auf=
merksam durchliest; dann fordert dieser Schreibzeug und schreibt den

---

[1] Busch I, 433 (vom 27. November).
[2] Bismarck am 20. Juni 1884, bei Poschinger, Tischgespräche II, 125.

gewünschten Brief mit dem Angebot der Kaiserkrone nach dem von
Bismarck ihm mit übersandten Konzept. Am 3. Dezember langt Holn=
stein wieder in Versailles an, an demselben Tage überreicht Prinz
Luitpold das Schreiben dem König Wilhelm. Es „bildete ein ge=
wichtiges Moment für das Gelingen der schwierigen und vielfach in
ihren Aussichten schwankenden Arbeiten, die durch das Widerstreben
des Königs Wilhelm und durch die bis dahin mangelnde Feststellung
der bayrischen Erwägungen veranlaßt waren."

Zu dieser Darstellung hat Fürst Bismarck selbst mehrfache Er=
gänzungen geliefert. Schon am 8. Dezember 1870 erzählte er bei
Tisch kurz, aber höchst anerkennend von Holnsteins Reise, dann wieder
ausführlicher am 31. Januar 1871 [1]): „Er hat fast das Unmögliche
geleistet. In sechs Tagen machte er die Reise hin und zurück, achtzehn
Meilen ohne Eisenbahn und bis ins Gebirge hinauf nach dem Schlosse
[Hohenschwangau], wo der König sich aufhielt, und dabei war seine
Frau noch krank. Er kommt an im Schlosse, findet den König
unwohl — Zahngeschwür — oder an den Folgen mit Chloroform
leidend. Er ist nicht zu sprechen. — Ja er hätte einen Brief von
mir abzugeben, sehr dringend. Hilft auch nichts, der König will un=
gestört sein, sich an diesem Tage mit nichts befassen. Zuletzt aber war
er doch begierig zu wissen, was ich ihm mitzuteilen hatte, und der Brief
fand eine gute Statt. Nun aber fehlte es wieder an Papier und
Tinte und an allem andern zum Schreiben. Sie schicken einen Reit=
knecht fort, und der kommt endlich mit Papier zurück, mit grobem, und
der König antwortete wie er ist, im Bette, und das Deutsche Reich
war gemacht." Als er dieselbe Erzählung mit geringen Abweichungen
bei einem parlamentarischen Frühschoppen am 20. Juni 1884 wieder=
holte, fügte er noch einiges von Holnsteins Ankunft in Hohenschwangau
hinzu, „von seinem Wortwechsel durch und mit dem Kabinettssekretär
Ziegler, von seinem stundenlangen Antichambrieren in der Nacht und
insbesondre von der schließlichen persönlichen Übergabe der Briefe
[Bismarcks], sowie von der Übergabe des berühmten königlichen Ent=

---

[1]) Busch I, 435. II, 116. Holnstein war am 25. November angekommen,
Tagebuch des Kronprinzen (wenn das Datum richtig ist).

ſchluſſes bei Tagesgrauen."[1]) Graf Holnſtein war am 27. November und am 3. Dezember bei Bismarck zu Tiſch; an jenem Tage ſchrieb Bismarck den Brief an den König „abends zwiſchen ſieben und acht Uhr ... in aller Eile" und ließ dem Grafen Holnſtein ſagen, er müſſe um neun Uhr aufbrechen; dieſer aber reiſte ſchon um acht Uhr ab. Nach der Rückkehr ſagte Graf Bismarck-Bohlen, des Kanzlers Vetter und Sekretär, zu ihm: „Es iſt eine weltgeſchichtliche Tour, die Sie gemacht haben," und L. Bucher bemerkte zu Buſch: „Der Graf iſt in der Kaiſerfrage weggeweſen und bringt gute Nachricht mit." Der Kanzler hatte ihn ſofort nach ſeiner Ankunft um Mittag empfangen und dann Champagner beſtellt.[2])

Über die Vorgänge in München giebt L. von Kobell noch einige merkwürdige Ergänzungen.[3]) Graf Holnſtein (der am Abend des 29. November in Hohenſchwangau eingetroffen war) kam am 30. No= vember nach München, eilte ins Reſidenztheater zum Kabinettschef Eiſenhart, „teilte ihm kurz den Sachverhalt mit und überreichte ihm im Namen Sr. Majeſtät ein verſiegeltes, an Eiſenhart adreſſiertes Couvert. Es enthielt einen eigenhändig von Ludwig II. geſchriebnen Brief an den König von Preußen und einen an meinen Mann. Dem letztern Schreiben lag der Gedanke zu Grunde, ob etwa angeſichts der deutſchen Verfaſſungsfrage und der Sachlage ein anders gefaßter Brief als beſſer und angemeſſener ſich herausſtellen würde. Dem Schreiben war die ausdrückliche Ermächtigung beigefügt, den Brief an den König von Preußen nach eignem Ermeſſen Eiſenharts eventuell nicht abgehn zu laſſen." Mit der Laſt dieſer ungewöhnlichen Verantwortung be= laden begab ſich Eiſenhart „tags drauf [1. Dezember] in früher Morgen= ſtunde" zum Miniſter von Lutz, und als dieſer „ſich unbedingt ein= verſtanden" erklärte, übergab er das Schreiben des Königs dem Grafen Holnſtein, der auf der Stelle die Rückkehr nach Verſailles antrat. Am

---

[1]) Über dieſe Erzählung haben wir zwei Berichte von Ohrenzeugen, die ſich mehrfach ergänzen, dem rheiniſchen Abgeordneten von Lohren vom 22. Juni bei Poſchinger, Bismarck und die Parlamentarier I, 270 f. und dem ſächſiſchen Abgeordneten Oberſtaatsanwalt Dr. Hartmann in Plauen i. V. bei Poſchinger, Tiſchgeſpräche und Interviews II, 124 f. (mit einzelnen Ungenauigkeiten).

[2]) Buſch I, 435. 469. Der Kanzler ſelbſt ſpeiſte am 3. Dezember beim König.

[3]) S. 39 f.

nächsten Tage (2. Dezember) richtete Ludwig II. noch an Bismarck einen Brief in überaus gnädigen und bewundernden Worten. [1) Noch eine besondre Erörterung verlangen die Briefe Bismarcks. Es handelt sich zunächst um zwei Briefe, das Konzept für den Kaiser= brief des Königs von Bayern und das Schreiben an den König mit der Aufforderung, die Kaiserkrone anzubieten. Zu dem ersten gab Graf Holnstein, der seinen Herrn genau kannte, dem Bundeskanzler unmittelbar die Veranlassung, indem er zu ihm sagte: „Wissens was, Exzellenz, schreibens gleich selbst einen Brief auf, so wie er sein soll, sonst giebts hintennach doch wieder Anstand."[2) Der Text des zweiten liegt uns jetzt in zwei Redaktionen vor, in dem Konzept, das Bismarck auf dem Extisch schrieb, und in der Reinschrift, die er dem König sandte. Nach dem ersten giebt Fürst Bismarck selbst in den Gedanken und Erinne= rungen I, 353 f. den Brief, nach der zweiten teilt ihn jetzt L. von Kobell, in deren Hände er als ein Geschenk des Königs an ihren Gemahl ge= kommen ist, im Faksimile und im Abdruck mit. Beide Fassungen sind von einander im einzelnen nicht unwesentlich verschieden, was die folgende Nebeneinanderstellung beider Texte ergiebt; charakteristisch besonders ist der Zusatz der Reinschrift mit der fein berechneten Motivierung, warum der Antrag gerade von dem König von Bayern ausgehn müsse, wie denn überhaupt der ganze Brief, an seinem Zwecke gemessen, ein Meister= stück ist, so sehr sich sachlich manches anfechten läßt.

Konzept	Reinschrift
Gedanken und Erinnerungen I, 353 f.	L. von Kobell, König Ludwig II. und Fürst Bismarck 1870, S. 45 f.

NB. Alle in der Reinschrift veränderten oder neu hinzugefügten Worte und Sätze sind gesperrt.

Versailles, 27. November 1870.	Versailles, 27. November 1870.
Allerdurchlauchtigster, groß= mächtigster König, Allergnädigster Herr!	Allerdurchlauchtigster, Groß= mächtigster König!
Für die huldreichen Eröffnungen, welche mir Graf Holnstein auf	Für die huldreichen Eröffnungen, welche mir Graf Holnstein auf

---

1) G. u. E. I, 354.
2) L. von Kobell S. 39 nach Graf Holnsteins eigner Erzählung. — Der Kronprinz drückt in seinem Tagebuch vom 30. November ein gelindes Erstaunen über den Vorgang aus.

Befehl Ewr. Majestät gemacht hat, bitte ich Allerhöchstdieselben den ehrfurchtsvollen Ausdruck meines Dankes entgegennehmen zu wollen. Das Gefühl meiner Dankbarkeit gegen Ew. Maj. hat einen tieferen und breiteren Grund als den persönlichen in der amtlichen Stellung, in welcher ich die hochherzigen Entschließungen Ewr. Maj. zu würdigen berufen bin, durch welche Ew. Maj. beim Beginne und bei Beendigung dieses Krieges der Einigkeit und der Macht Deutschlands den Abschluß gegeben haben. Aber es ist nicht meine, sondern die Aufgabe des deutschen Volkes und der Geschichte, dem durchlauchtigen bairischen Hause für Ewr. Maj. vaterländische Politik und für den Heldenmut Ihres Heeres zu danken. Ich kann nur versichern, daß ich Ewr. Maj., so lange ich lebe, in ehrlicher Dankbarkeit anhänglich und ergeben sein und mich jederzeit glücklich schätzen werde, wenn es mir vergönnt wird, Ewr. Maj. zu Diensten zu sein.

In der deutschen Kaiserfrage habe ich mir erlaubt, dem Grafen Holnstein einen kurzen Entwurf vorzulegen, welchem der Gedankengang zu Grunde liegt, der meinem Gefühl nach die deutschen Stämme bewegt: der deutsche Kaiser ist ihrer aller Landsmann, der König von Preußen ein Nachbar, dem unter diesem Namen Rechte, die ihre Grundlage nur in der freiwilligen Uebertragung durch die deutschen Fürsten und Stämme finden, nicht zustehen. Ich glaube,

Befehl Ewr. Maj. gemacht hat, bitte ich Allerhöchstdieselben, den ehrfurchtvollen Ausdruck meines Dankes gnädig entgegennehmen zu wollen; mein Gefühl der Dankbarkeit gegen Ew. Maj. hat einen tieferen und breiteren Grund als den persönlichen, in der amtlichen Stellung, in welcher ich die hochherzigen Entschließungen zu würdigen berufen bin, durch welche Ew. Maj. bei dem Beginn und bei dem bevorstehenden Ende dieses großen Nationalkrieges den Abschluß gegeben haben. Aber es ist nicht meine, sondern die Aufgabe des deutschen Volkes und seiner Geschichte, dem durchlauchtigsten Bayrischen Hause für Ewr. Majestät deutsche Politik und für den Heldenmut Ihres Heeres zu danken. Ich kann nur versichern, daß ich, so lange ich lebe, Ewr. Maj. in ehrfurchtsvoller Dankbarkeit anhänglich und ergeben sein und mich jederzeit glücklich schätzen werde, wenn es mir vergönnt wird, Ewr. Maj. zu Diensten sein zu können.

Bezüglich der deutschen Kaiserfrage ist es nach meinem ehrfurchtsvollen Ermessen vor allem wichtig, daß deren Anregung von keiner andern Seite und namentlich nicht von der Volksvertretung zuerst ausgehe. Die Stellung würde gefälscht werden, wenn sie ihren Ursprung nicht der freien und wohlerwognen Initiative des mächtigsten der dem Bunde beitretenden Fürsten verdankt.

daß der deutsche Titel für das Präsidium die Zulassung desselben erleichtert, und die Geschichte lehrt, daß die großen Fürstenhäuser Deutschlands, Preußen einge= schlossen, die Existenz des von ihnen gewählten Kaisers niemals als eine Beeinträchtigung ihrer eignen europäischen Stellung em= pfunden haben. v. Bismarck.

Ich habe mir erlaubt, dem Grafen Holnstein den Entwurf einer etwa an meinen aller= gnädigsten König und mit den nötigen Aenderungen der Fassung, an die anderen Ver= bündeten zu richtenden Er= klärung auf seinen Wunsch zu übergeben. Demselben liegt der Gedanke zu Grunde, welcher in der That die deutschen Stämme erfüllt: der Deutsche Kaiser ist ihr Landsmann, der König von Preußen ihr Nachbar; nur der deutsche Titel bekundet, daß die damit verbundenen Rechte aus freier Uebertragung der deutschen Fürsten und Stämme hervorgehen. Daß die großen Fürstenhäuser Deutschlands, das Preußische mit eingeschlossen, durch das Vorhandensein eines von ihnen gewählten deutschen Kaisers in ihrer hohen euro= päischen Stellung nicht beein= trächtigt wurden, lehrt die Geschichte.

In tiefer Ehrfurcht ersterbe ich Ewr. Maj. unterthänigster treu= gehorsamster Diener

v. Bismarck.

In keiner dieser beiden Fassungen findet sich nun aber sonderbarer= weise das argumentum ad hominem, die Erinnerung an das „besondre Wohlwollen, welches die bayrische Dynastie zu der Zeit, wo sie in der Mark Brandenburg regierte (Kaiser Ludwig), während mehr als einer Generation meinen Vorfahren erwiesen habe."[1] Schon am 4. Dezember 1870 spielte Bismarck im Tischgespräche auf diese kluge Wendung an,

---

[1] Die Wittelsbacher hatten die Mark 1328 bis 1373 inne. Über die Stellung der Bismarcke zu den Wittelsbachern s. G. Schmidt, Schönhausen und die Familie von Bismarck (2. Aufl. 1898) 33 ff.

die dem König wirklich sehr gefiel, und ebenso bei dem parlamentarischen Frühschoppen am 20. Mai 1889, beide male so, daß sie, mindestens auf den ersten Blick, als Teil des amtlichen Briefes an den König erscheint,[1] und das kann sie weder nach der einen noch nach der andern Fassung, weder nach dem Konzept noch nach der Reinschrift gewesen sein. Das Rätsel löst sich durch eine, wie es scheint, bisher kaum beachtete Äußerung des Fürsten am 20. Juni 1884: er habe dem (amtlichen) Schreiben an den König einen privaten Brief beigelegt, um seinen Ratschlägen ein erhöhtes Gewicht zu geben, ein Ausnahmefall in seinem politischen Leben. Der private Teil des Schreibens [?soll wohl heißen: das Privatschreiben] habe nur darin bestanden, daß er nicht bloß als Staatsmann dem Könige rate, die Initiative zu ergreifen, sondern als alter Freund der bayrischen Dynastie. In der Familie Bismarck sei es unvergessen, daß ihr Stammsitz Schönhausen ein Lehen Heinrichs des Löwen gewesen, und er gebe seine Ratschläge dem Könige gewissermaßen als ein alter treuer Vasall.[2] Bei den andern Erzählungen hat sich der Fürst nur nicht genau ausgedrückt, oder später selbst beide Briefe nicht mehr auseinandergehalten. Jedenfalls hat er am 27. November nicht zwei, sondern drei Schriftstücke an König Ludwig gesandt, das verlangte Konzept zu dessen Kaiserbriefe, das amtliche Aufforderungsschreiben und einen ganz persönlichen Privatbrief.[3]

Zu der Erzählung von der Überreichung des Kaiserbriefs durch Prinz Luitpold am 3. Dezember geben Abelen und das Tagebuch des Kronprinzen noch manche Ergänzungen. Der Prinz erschien beim König nachmittags vor der Tafel. Der König hatte von dem vertraulichen Auftrage des Grafen Holnstein zunächst nichts erfahren, sondern angenommen, er sei nur gekommen, um Vorsorge für die Unterbringung seines Herrn in Versailles zu treffen, und er hatte sich gewundert, daß

---

[1] Busch I, 476. Poschinger, Bismarck und die Parlamentarier III, 213.

[2] Poschinger a. a. O. I, 270 f.

[3] Auf die im Text geäußerte Vermutung ist jetzt auch E. Marcks gekommen, S. 41 f. Das Original dieses „Beibriefes" wird sich schwerlich jemals finden, weil Ludwig II. die eigentümliche Gewohnheit hatte, solche an ihn gerichtete Schreiben nach der Erledigung zu vernichten und dieses Schicksal auch dem „Kaiserbriefe" Bismarcks ohne Eisenharts Einsprache bereitet hätte.

er so plötzlich wieder abgereist sei. Erst eine unvorsichtige Äußerung Abekens beim Vortrag am Abend des 1. Dezember verriet ihm die Sache, und ein Billet des Großherzogs von Baden mit der Nachricht, nach einem Telegramm Gelzers aus München reise Graf Holnstein mit dem Angebot der Kaiserkrone soeben ab, klärte ihn völlig auf. Er zürnte weder dem Kanzler noch Abeken, sondern dankte diesem freundlich, daß er ihm „Zeit gegeben habe, sich auf den Gedanken vorzubereiten." Beim Empfange des Prinzen war er „gerührt und bewegt," gab aber noch keine sachliche Antwort. Nach Tisch hielt ihm Bismarck im Beisein des Kronprinzen Vortrag darüber und las den Brief vor. Der König fand ihn mit Rücksicht auf die schweren, wie es schien, noch nicht einmal abgeschlossenen Kämpfe der letzten Tage „so zur Unzeit wie möglich," doch bemerkte Bismarck, „die Kaiserfrage habe nichts mit den augen=blicklichen Kämpfen zu thun." „Als wir das Zimmer verließen, reichten Bismarck und ich uns die Hand; mit dem heutigen Tage sind Kaiser und Reich unwiderruflich hergestellt, jetzt ist das fünfundsechzigjährige Interregnum, die kaiserlose, die schreckliche Zeit vorbei, wir verdanken dies wesentlich dem Großherzog von Baden, der unausgesetzt thätig gewesen." [1]

Daß König Wilhelm in treuer Anhänglichkeit an seine preußischen Traditionen und im stolzen Selbstgefühl seiner ererbten Souveränität der Annahme einer Würde, die ihm als eine übertragne und daher minderwertige erschien, ursprünglich abgeneigt war, bezeugt er selbst in einem Briefe an seine Gemahlin vom 18. Januar 1871 [2] und wird auch von Abeken wie von Schneider ausdrücklich noch bezeugt. Be=sonders scheint es ihm dann unangenehm gewesen zu sein, daß sich der Reichstag, noch bevor er sich selbst ausgesprochen, und alle Fürsten zu=gestimmt hatten, für den Kaisertitel erklärte, und die Aussicht, die Kaiserdeputation unter Simson empfangen zu müssen, war ihm deshalb zunächst ein peinlicher Gedanke. [3] „Der König will nichts vom Em=

[1] Der Text des Kaiserbriefs, der am 5. Dezember dem Reichstage vor=gelegt wurde, u. a. bei Oncken, Zeitalter des Königs Wilhelm II, 295 f. Abeken 460 und 463 vom 5. und 8. Dezember, Tagebuch des Kronprinzen vom 3. Dezember.

[2] Bei Oncken, Unser Heldenkaiser 218 f.

[3] Abeken 468 vom 10. und 13. Dezember. Schneider III, 117.

pfange der Deputation hören, schreibt der Kronprinz am 16. Dezember, doch lebt er sich mehr und mehr in die Sache ein," und der Groß= herzog von Baden wirkte „wie ein guter Genius." So empfing er sie denn am 18. Dezember nachmittags 2 Uhr durchaus gnädig, wenn auch unter Vorbehalt der Zustimmung sämtlicher Fürsten.[1]) Dann setzten der Kronprinz und der Großherzog den Entwurf zur Kaiser= proklamation auf und bestimmten den König, in die Proklamation am 18. Januar zu willigen; bei der Feststellung der Insignien wirkte der Hausminister von Schleinitz mit.[2])

Ausführlicher als über diese Fragen berichtet Fürst Bismarck über die Schwierigkeiten, die in der Form des Kaisertitels lagen. König Wilhelm wollte „Kaiser von Deutschland" heißen, Bismarck schlug „Deutscher Kaiser" vor, weil jene Form den Anspruch auf Souveränität über ganz Deutschland in sich schließe, und wurde darin vom Kron= prinzen und vom Großherzog von Baden unterstützt. Noch in der Schlußberatung am 17. Januar, der auch der Kronprinz und Schleinitz beiwohnten, wollte der König von einem „Deutschen Kaiser" trotz aller Beispiele Bismarcks (römischer Kaiser, russischer Kaiser) und obwohl jene Form schon in § 11 der Reichsverfassung aufgenommen worden war, nichts hören, wurde sogar heftig und blieb beim „Kaiser von Deutschland." Wie sehr sich Bismarck innerlich mit diesem Zwiespalt beschäftigte, sieht man daraus, daß er diese Frage auch im Kreise „seiner Leute" mehrmals, am 12., 13. und 22. Januar erörterte; auch war er nach jener Konferenz sehr verstimmt und reizbar.[3]) Die Bezeichnung als „Deutscher Kaiser" setzte er allerdings bei·der Proklamation am 18. Januar durch, aber der Kaiser verübelte ihm das als eine Eigen= mächtigkeit derart, daß er ihn nach der Feier ignorierte. Mit dieser fast tragischen Szene schließt das Kapitel. Kein Wunder, daß Bismarck am Abend seiner Umgebung „ermüdet und abgespannt" erschien.[4])

---

[1]) Busch I, 540 und die dort angeführte Litteratur.

[2]) Tagebuch des Kronprinzen vom 28. Dezember, 8., 12. und 15. Januar. Abeken 477 vom 1. Januar.

[3]) Busch II, 38. 42. 69. Abeken 487 (vom 17. Januar abends). Tage= buch des Kronprinzen vom 17. Januar. Über den Zorn des Königs f. Bismarck bei Busch III, 269 (10. Februar 1889).

[4]) Busch II, 61.

Das Ergebnis der Untersuchung ist also dies: die Darstellung ist in diesen Kapiteln keineswegs vollständig, sie hat vielmehr große Lücken. Sie greift im ganzen nur bestimmte Gruppen von Ereignissen heraus und zwar solche, an denen Bismarck einen starken persönlichen Anteil gehabt hat. Aber auch darüber hinaus werden sehr wichtige Dinge, bei denen dies der Fall gewesen ist, und die sogar für das Verständnis des wirklich Erzählten unentbehrlich sind, weggelassen, offenbar aus taktischen Gründen, zu ganz bestimmten praktischen Zwecken, denn ohne Zweck hat der Historiker Bismarck so wenig geschrieben wie der Staatsmann gehandelt. „Die historische Objektivität, das Verantwortlichkeitsgefühl des Historikers gegenüber den geschichtlichen Wirklichkeiten besitzt er nicht," sagt Marcks S. 123 mit Recht. Die berichteten Thatsachen sind in diesen Kapiteln zum größten Teile stichhaltig, in viel höherm Grade als etwa in den Abschnitten aus der Zeit des Krimkriegs, deren Unzuverlässigkeit jüngst Max Lenz in der Deutschen Rundschau überzeugend dargethan hat; doch fehlt es auch hier nicht an wesentlichen Irrtümern, Verschiebungen und Färbungen. Am zuverlässigsten und zugleich am anschaulichsten ist die Darstellung da, wo sie einzelne Szenen vorführt, die sich in ihrer Gegenständlichkeit fest seinem Gedächtnis eingeprägt und in mehrfacher mündlicher Wiedergabe schon feste Formen angenommen hatten; dagegen ist sie bei größern Zusammenhängen oft durch Unsicherheit des Gedächtnisses oder durch unwillkürliche Färbung aus einer spätern Auffassung heraus oder auch durch die nachwirkende Erregung des alten Kampfes getrübt. Daß also die Gedanken und Erinnerungen bei aller subjektiven Wahrheit weder eine vollständige noch eine objektive noch eine unbedingt glaubwürdige Geschichtsdarstellung sind, lehrt jede eingehendere Betrachtung auch dieser Kapitel und wird jede weitere Forschung lehren.